JN410131

건방진 용서

국제PEN한국본부 창립70주년기념 산문선집 02

오경자 수필집

International PEN-Korea Center 

교음사

국제PEN헌장

국제PEN은 국제PEN대회 결의에 따라 다음과 같이 헌장을 선포한다.

1. 문학은 각 민족과 국가 단위로 이루어지나, 그 자체는 국경을 초월하여 그 어떤 상황 변화 속에서도 국가 간의 상호 교류를 유지해야 한다.
2. 예술 작품은 인간의 보편성에 바탕을 두고 길이 전승되는 재산이므로 국가적 또는 정치적 권력으로부터 간섭을 받아서는 안 된다.
3. 국제PEN은 인류 공영을 위해 최대한의 영향력을 발휘해야 하며 종족, 계급 그리고 민족 간의 갈등을 타파하는 동시에 전 세계 인류가 평화롭게 살아갈 수 있다는 이상을 실현하기 위하여 최선을 다해야 한다.
4. 국제PEN은 한 국가 안에서나 또는 세계 여러 나라에서 사상의 교류가 상호 방해 받지 않는다는 원칙을 준수하며, PEN 회원들은 각자 국가나 지역사회에서 어떤 형태로든 표현의 자유를 억압하는 데 반대할 것을 선언한다. 또한, PEN은 출판 및 언론의 자유를 주창하며 평화시의 부당한 검열을 거부한다. 아울러 PEN은 정치와 경제의 올바른 질서를 지향하기 위해 정부, 행정기관, 제도권에 대한 자유로운 비판이 필수적이고 긴요하다는 사실을 확신한다. 이와 함께 PEN 회원들은 출판 및 언론 자유의 오용을 배격하며, 특정 정치 세력이나 개인의 부당한 목적을 위해 사실을 왜곡하는 언론 자유의 해악을 경계한다.

   이러한 목적에 동의하는 모든 자격 있는 작가들, 편집자들, 번역가들은 그들의 국적, 언어, 종족, 피부 색깔 또는 종교에 관계없이 어느 누구라도 PEN 회원이 될 수 있다.

국제PEN한국본부 연혁

국제PEN본부는 1921년에 창립되어 2022년 3월 현재 145개국 154개 센터가 회원으로 가입돼 있는 세계적인 문학단체이다. 국제PEN본부는 영국 런던에 본부를 두고 있으며 특히 UN 인권위원회와 유네스코 자문기구로 현재 전 세계 문인, 번역가, 편집인, 언론인들의 표현의 자유를 옹호하고 인권 문제를 다루고 있는 단체이다.

한국PEN은 1954년 9월 15일 변영로·주요섭·모윤숙·이헌구·김광섭·이무영·백철 선생 등이 발기하여 같은 해 10월 23일 당시 서울 소공동 소재 서울대학교 치과대학 강당에서 창립총회를 열고 국제펜클럽한국본부로 공식 출범하였다. 국제펜클럽한국본부는 그 이듬해인 1955년 6월 비엔나에서 열린 제27차 세계대회에서 정식회원국으로 가입하고 그해 7월에 인준을 받아 오늘에 이르렀으며 2022년 3월 현재 회원 수는 4,000여 명이다.

사)국제PEN한국본부(International PEN Korea Center)는 역사와 권위를 자랑하는 국제적 문학단체로서 회원들의 양심과 소신에 따른 저항권과 표현의 자유를 옹호하고 구속 작가들의 인권문제를 다루며 한국의 우수 문학작품을 번역, 세계 각국에 널리 알리고 우리 민족의 고유문화와 전통문화 등을 해외에 소개하는 한편 세계 각국과 문화 교류 및 친선을 도모하는 데 주도적 역할을 담당하고 있다

1954. 10. 23.	국제펜클럽한국본부 창립
1955.	제27차 국제PEN비엔나대회에서 회원국 가입
	『The Korean PEN』 영문판 및 불어판 창간
1958.	국내 최초 번역문학상 제정
1964.	PEN 아시아 작가기금 지급(1970년 제6차까지)
1970.	제37차 국제PEN서울대회 개최(60개국 참가)
1975.	『PEN뉴스』 창간. 이후 『PEN문학』으로 제호 변경
1978.	한국PEN문학상 제정
1988.	제52차 국제PEN서울대회 개최
1994.	제1회 국제문학심포지엄 개최
1996.	영문계간지 『KOREAN LITERATURE TODAY』 창간
2001.	전국 각 시도 및 미주 등에 지역위원회 설치
2012. 9.	제78차 국제PEN경주대회 개최
2015. 9.	제1회 세계한글작가대회 개최
2016. 9.	제2회 세계한글작가대회 개최
2017. 9.	제3회 세계한글작가대회 개최
2018. 11. 6~9.	제4회 세계한글작가대회 개최
2018. 8. 22.	정관개정에 의해 국제PEN한국본부로 개명
2019. 2.	PEN번역원 창립
2019. 11. 12~15.	제5회 세계한글작가대회 개최
2020. 10. 20~22.	제6회 세계한글작가대회 개최
2021. 11. 2.~4.	제7회 세계한글작가대회 개최
2022. 11. 1.~4.	제8회 세계한글작가대회 개최

국제PEN한국본부 창립 70주년 기념 선집을 발간하며

국제PEN한국본부는 1954년에 창립되고 이듬해인 1955년 6월 오스트리아의 빈에서 열린 제27차 국제PEN세계대회에서 회원국으로 가입되었다. 초대 이사장은 변영로 선생이 맡고 창립을 주선했던 모윤숙 시인이 부이사장을 맡았다. 이하윤, 김광섭, 피천득, 이한구 등과 함께 창립의 중심 역할을 했던 주요섭이 사무국장을 맡았다.

6·25한국전쟁이 휴전된 지 겨우 1년이 되는 시점에 이루어 낸 국제PEN한국본부의 창립은 매우 깊은 의미를 담는 거사였다. 그동안 국제PEN한국본부는 세 차례의 국제PEN대회와 8회의 세계한글작가대회를 개최하며 수많은 국내외 행사를 주최해 왔다. 이에 내년 2024년에는 창립 70주년을 맞이하게 되어 그 기념사업의 일환으로 PEN 회원들의 작품 선집을 발간하기로 하였다.

여러 가지 기념사업을 진행하지만 회원들의 주옥같은 작품집을 선집으로 집대성하여 남기는 일은 가장 중요하고 의미 있는 일이라 생각한다.

시와 산문으로 구성되는 선집은 우리 한국문학사의 중요한 족적을 남기는 귀중한 역사 자료로서의 가치를 갖게 되리라고 믿으며 겸허한 마음으로 70주년을 자축하는 주요 사업으로 진행하게 된다.

참여해 주신 회원들께 감사하며 어려운 여건 속에서도 기꺼이 출판을 맡아 준 기획출판 오름의 김태웅 대표와 도서출판 교음사의 강병욱 대표에게 심심한 감사를 드린다.

2023년 3월

국제PEN한국본부 이사장 김용재

책을 내며

한국 문단사에 남기고 싶어서

수필집 『계단 좀 내다 버려』를 세상에 내놓은 지 1년도 채 안 되어 한 권의 수필집을 엮어내게 되었다. 밀린 원고들이 많기도 하지만 이번에는 국제PEN한국본부 창립 70주년 기념 선집 발간 계획에 동참하기 위해 서둘렀다. 한국 문단사에 큰 획을 긋게 될 이번 기회를 놓치기 싫어서이다.

코로나가 슬슬 꼬리를 내리기 시작하고 일상이 회복되어 간다. 70년 전 한국전쟁의 여운이 우리를 에워싸고 있는 엄중한 시기에 만난을 무릅쓰고 국제PEN한국본부 창립이라는 엄청난 거사를 이루어 내신 모윤숙 선생을 비롯한 선배 문인들의 용기와 노고에 머리 숙여 감사드리면서 원고들을 정리하였다.

세상을 내다보며 걱정스러운 마음으로 쓴 글들이 많아 문학적 향기가 덜할지도 모르지만 울분을 그렇게라도 삭이면서 위로하고 싶었는지도 모르겠다. 시대의 기록자라는 문인의 소명을 다해야 한다는 강박관념에 사로잡혀 보인다면 넓은 마음으로 이해해 주시기 바란다.

이제는 생을 정리할 시기에 가까워진 것 같아 내가 겪은 역사적 대 사건인 한국전쟁과 4.19혁명의 소용돌이 속 체험을 좀 길게 실었다. 우리 역사 속에서 애증의 양면으로 부각되는 대표격이라 할 이승만 대통령에 대한 소회를 담은 작품을 표제로 삼은 것도 그런 맥락에서 해 본 시도임을 깊이 살펴 주시기 바란다.

올해로 은혼을 맞이한 아들 내외에게 이 책을 바치고 싶다.

책을 잘 엮어 준 교음사의 강병욱 대표와 류진 편집국장께 깊이 감사드리고 역사적 선집에 포함시켜 준 국제PEN한국본부 김용재 이사장을 비롯한 임원 여러분께도 고마운 절을 올린다.

2023년 3월

녹번 서재에서 통일로를 내다보며 저자 **오경자**

차례

3. 우선순위

4. 누구를 위하여

5. 일상이 축복이다

6. 산다는 것

1

소녀의 꿈

딸의 돋보기

세월은 가고 아이가 자라 어른이 되는 것은 만고불변의 진리이건만 그런 일들에 적이 감격하거나 당황할 때가 있다. 거실 탁자 위에 놓인 작은 안경집을 무심코 집어 들고 치우려다가 멈칫했다. 요즘은 돋보기를 쓰지 않는다는 생각이 퍼뜩 떠올라서이다. 그제서야 자세히 살펴보니 내 것이 아니었다. 아니 분명히 돋보기 맞는데 누구 것이란 말인가? 예쁘고 자그마한 것으로 보아 여성용이 틀림없는데, 혹시 둘러앉아 수다 떨다가 친구 것을 무심코 내 것인 줄로 착각하고 집어왔나 싶은 생각이 들자 공연히 긴장되며 얼굴이 벌게진다. '아니야 아무리 그럴 리 없어.' 혼잣말을 중얼거리며 한옆으로 밀어 놓았다. 누군가 왔다가 두고 간 모양이라고 생각했다.

혹시 고모가 다녀갔느냐니까 아니라며 왜 그러느냐고

묻는다. 모르는 안경집이 있기에 그런다고 했더니 그거 내 거라고 심상하게 대답하며 들고 들어간다. 나는 머리를 한 대 쥐어박힌 것처럼 멍해졌다. 아니 저 아이가 벌써 돋보기를 쓰다니, 기가 막혔다. 어느새 그럴 나이가 되었나 싶은 생각에 이어, 한집에서 살면서 얼마나 관심 없이 지냈으면 근황을 이렇게도 모를 수 있단 말인가 하는 자괴감 같은 것이 엄습해 왔다.

서로 아침에 나가서 저녁에 들어오는 데다 퇴근하고 와서 저녁을 먹는 날도 가뭄에 콩 나듯 하니 얼굴 마주할 시간이 별로 없다. 휴일이면 나가거나 아니면 종일 잠을 자는 아이를 깨우지도 못하니 얘기해 볼 틈도 변변히 없다. 게다가 TV도 보는 프로가 다르거나 아니면 심취해서 보느라 말을 걸기도 수월치 않다. 대화도 제가 신나서 얘기할 때는 잘하는데 말을 건네면 단답형으로 끝낼 때가 많다. 품 안의 자식이란 말을 떠올리며 개의치 않기로 한 지 오래다. 어떤 때는 벌써 내가 거추장스러운 존재가 됐나 싶다가도 아니야, 아니야를 연발하면서 도리질을 치기도 한다. 엄마와 둘이 살 때 회사 다녀와서 혹시 내가 저랬나 하고 생각하면서 엄마 마음을 헤아리지 못했던 것 같아 갑자기 미안해지기도 한다.

백내장 수술을 했더니 젊은 눈으로 돌아가게 해 주어서 돋보기를 벗었다. 참 좋은 세상이다. 행여 정말 젊은 줄 알고 만용을 부리지 않기만 바랄 뿐이다. 딸이 이제 사물을 돋보기로 확대해서 보듯 세상을 자세히 살피고 차분하게 판단해서 실수를 줄이는 일상이 되기만 바란다. 제 나이 먹은 생각은 안 하고 제 딸 나이 들어가는 것만 가슴이 철렁하다니 이 또한 만용의 사촌이다.

2020. 7. 5.

그날 배를 못 탔더라면

사람들은 그때 이랬더라면 어떤 일이 생겼을까? 하는 상상을 곧잘 하지만 그 일의 실제 상황이 이루어졌다면 어찌 되었을까는 아무도 모른다. 여러 가지 상상을 하면서 즐기기도 하고 후회하기도 한다.

그날은 날씨가 매우 좋았다는 기억만 난다. 아침 일찍 챙 넓은 모자에 색안경을 챙겨 들고 서둘러 나가는 딸을 쳐다보며 어머니는 매우 흡족해하는 표정이었다. 누구를 만나러 간다는 말은 않고 친구와 놀러 간다고만 하는 딸이 그야말로 좋은 사람이라도 만나러 갔으면 좋겠다는 바람을 잔뜩 안은 표정이다. 시집을 안 가겠다며 독신주의를 표방하는 것이 마치 당신 때문인 것 같아 노심초사하는 어른이 보통 외출과 좀 다른 나들이를 하는 것 같은 딸의 모습에 촉각을 곤두세우는 것은 당연한 일이기도 하다.

좀 늦을지 모른다는 말만 남기고 집을 나서면서도 어머니의 마음을 깊이 헤아리지는 못하고 약속 장소로 갔다. 며칠 전에 만나고 오늘 인천에 가서 바닷바람을 쏘이자고 약속하고 헤어졌다. 무슨 생각으로 처음 만난 날 그런 약속을 했는지 지금은 기억나지 않는다. 그저 가벼운 기분이었던 것으로 볼 때 사람들 눈도 많은 시내에서 만나느니 멀리 인천에 가서 조용히 만나고 오는 것이 더 좋겠다는 판단이었던 것 아니었나 싶다.

서울역에서 만나 인천으로 가면서 작약도에 가기로 했다. 작약도라는 말을 듣는 순간 작약이라는 말 때문에 선뜻 그러자고 했다. 화판이 큰 작약을 좋아하는 터라 친근감이 있어서 아무것도 모르고 좋다고 했다. 6.25 전에 아주 어릴 때 아버지를 따라 송도에 가서 온 가족이 해수욕을 즐기던 기억이 나서 인천 바다에 간다는 것이 그저 막연히 마음에 들었다. 연안부두에 가서 배를 타고 들어가는 동안 바다가 시원하니 기분이 좋았다. 섬에 내려 점심을 먹고 해변을 걸으며 많은 이야기를 했던 것 같다. 이야기래야 서로가 하고 있는 업무 중심의 이야기를 맴돌면서 시간만 죽였다. 누군가가 두 사람이 만나고 있는 목적에 근접한 남녀의 이야기로 좁혀 들어가야 할 텐데 둘 다 그 노력을 하지 않는 것 같았다. 탐색전만 하고 있는 셈이다.

누군지는 기억이 잘 나지 않는데 거절하기 힘든 어른의 소개라 만나기는 했지만 결혼을 별로 하고 싶은 생각이 없던 터라 아주 마음에 끌리면 혹시? 하는 정도의 생각을 가지고 나온 것이니 그렇게 홀가분한 대화가 내심 편하고 좋았다. 그 역시 똑같은 생각이었는지도 모른다. 학교가 같아서 화젯거리가 공통점이 많았고 무역회사 직원이니 경제부 기자인 나로서는 그 또한 공감대가 쉽게 형성되는 편이었다.

백령도에서 군생활을 했는데 모래사장이 활주로로 쓰일 만큼 단단하다는 이야기는 호기심을 자아내게 했다. 그렇게 무덤덤하게 시간을 보냈는데 여름해가 길다는 것을 미처 생각하지 못한 채 시간을 너무 흘려보냈다. 서둘러 발길을 돌려 선착장에 가 보니 장사진을 이룬 행렬이 끝이 없었다. 배는 한 편뿐이라니 중간에 끊기면 무인도나 다름없는 이 섬에서 발이 묶일 지경이란다. 아차 낭패였다. 만약 배를 못 타면 어떡하지? 그 순간부터 속이 타기 시작했다. 내일 출근을 못할 테니 무어라고 설명을 한다? 엄마에게는 어떻게 말하지? 배를 탄다 해도 통금시간 안에 집에 들어갈 수 있기나 한 건가? 걱정이 꼬리를 물면서 진정이 되지 않는다. 가만히 살펴보니 무표정이다. 다 알면서 일부러 해가 사산에 걸릴 때까지 그냥 있었나? 계획적일까? 싶은 생각이 들면서 괘씸한 생각마저 든다. 속이 탈수록 더 의연한 자세로 무심한 척 서 있었다.

다행히 배는 탔고 통금시간 직전에 간신히 집에 도착했다. 그날 속 탄 생각을 하면 지금도 약이 오른다. 그 후로 둘은 더 만나지 않았다. 지독히도 멋대가리 없는 여자하고는 다시 만날 필요가 없겠다고 잘 판단을 했던 모양이다. 그로부터 연락 오기를 기다리느라 목을 늘였던 기억도 없고 딱지 맞았나 싶어 자존심 상했던 기억도 없다. 중간의 어른께 내가 미안해할 이유가 없어서 기분이 가벼웠던 기억만 난다.

그날 배를 못 탔더라면 어찌 되었을까? 글쎄….

2020. 5. 3.

닭죽

시모 제사 때 것이니 3주도 넘었다. 먹어야 하는데 뱃살이 두렵고 연골 생각하면 먹어야 하고 무릎이 말라가는 소리가 들리는 듯한데 뱃살이 터져 오르는 공포도 무섭다. 끓이고 식혀 냉장고 드나들기를 열 번은 더 했나 보다. 이제 이대로는 안 되겠기에 살을 발라 닭죽을 쑤었다. 닭백숙의 변신이다. 물김치를 꺼내 놓고 밥상에 앉았다. 수저를 들고 먹으려 하니 뱃살이 중얼거린다. 나를 또 더 불려서 어찌하려고 저러시나. 그래 네 말이 맞다 싶어 수저를 놓는다. 밀어 놓고 일어서는데 무릎이 새큰하며 중얼댄다. 기름이 들어와야 돌아가지, 말라서 바스락거리는데 배 생각만 하나? 그래 그 말도 맞다. 다시 주저앉아 닭죽 사발을 끌어당긴다.

당나귀 팔러 장에 가는 부자의 이야기가 떠오른다. 이

러자니 저게 걸리고 저러자니 이게 걸린다. 그런 것이 세상사 아니겠나 싶어 수저를 들고 김칫국물을 우선 한 모금 입에 댄다. 당길 때 먹어두라는 선배의 말씀이 떠오르는데 그 어른의 말씀 중 먹기 싫을 때가 온다던 충고가 아직은 실감이 안 난다. 식욕이 떨어지다니 병이 들기 전에야 그럴 리가 없다 싶으니 역시 절제는 해야 된다는 생각이 수저질을 더디게 한다.

세상사 절제하기 힘든 것이 한둘일까만은 식욕만큼 절제하기 힘든 것도 없을 것 같다. 노인에게 좋은 고기가 닭고기라 하니 안심하고 먹어 볼 일이다. 비워진 냉장고의 공간이 내 배로 옮겨 오지 않기를 간절히 바라면서 수저를 놓는다.

2020. 8. 8.

부업

세상의 일들을 종류로 나누기 시작하면 몇 가지나 될까? 그 기준은 또 어떤 것들이 있을까? 노동 전문가들이나 학자, 관계기관들이 기준과 종류를 내놓기도 하지만 보통의 일상생활에서는 그런 것들이 실용가치가 적어 그런지 일반인들에게는 별로 크게 관심을 끌지 못한다. 하나 분명한 것은 자신의 적성에 맞는 일과 안 맞는 일의 두 종류는 분명히 있는 것 같다. 그것은 대부분 하기 싫은 일과 하고 싶은 일로 함께 분류될 확률이 높아 정비례에 가까운 곡선을 그린다고 생각한다. 적성에 맞는 일을 하면서 사는 인생도 많겠으나 그렇지 못한 경우도 꽤 많은 것이 우리네 세상사다. 하고 싶은 일만 하면서 살 수 없는 것 또한 삶이라는 것의 현장이다.

불청객 코로나19라는 바이러스가 내 지독한 수준의 역

마직성을 잡아매고 열흘째 강제 휴가령을 발동 중이다. 언제 끝날지 아무도 모른다. 사회적 동물인 인간을 사회적 단절이라는 예방 방법으로 새로운 조련을 시작했다. 누가 그 조련사인지는 모르겠으나 아무튼 속수무책으로 집안에 들어앉아 사람과의 접촉을 피하는 것만이 거의 유일한 예방법이라니 너나없이 칩거 중이다. 엎어진 김에 쉬어 간다고, 부엌 정리를 시작했다. 오늘 하루는 여기 할애하고 내일은 책장 정리 모레는 옷장 정리 그것도 지루하니 그 사이사이에 글을 쓴다는 야무진 계획을 세웠다. 부엌에 들어서니 여기저기서 나부터 손대라고 아우성이다. 우선 김치 냉장고부터 만나기로 했다. 비교적 일거리가 적으리라는 판단에서 첫 번 작업 상대를 고른 것이다. 위는 다 일반 냉장고 용도로 쓰고 있으니 서랍 2개에 커다란 김치통들만 들어 있어 쉽게 끝날 줄 알았다.

예상은 뒤엎으라고 있는 것인가 보다. 재작년 김장김치가 1통 반이나 앉았다가 화들짝 놀란 듯 깨어난다. 나 이제 더 놓아두면 심술부릴 거란다. 1통은 잘 모셔 놓고 참아달라고 다독였다. 반통 이상 남은 것은 작은 통에 덜어서 하나는 위 칸으로 쉽게 꺼내 먹기 편하게 옮겨 주고 나머지 하나는 서랍 한쪽에 곁방살이처럼 끼워 넣으며 미안하다고 사과했다. 이러기를 시작으로 음식들을 꺼내서 재정리하고 더러는 버리고 더러는 끓이고, 볶고 행주를 연신 빨아가며 구석구석을 닦고 하는 사이 해는 설핏한가 했더니 어느새 꽁꽁 숨어 버려서 어둠이 부엌을 완전히 점령했다. 이러다가는 오늘 하루는 고사하고 부엌만 해도 나를 놓아주기엔 한 달도 부족할 것 같다. 평소에도 하루는 꼬박 걸릴 것 같아 그날그날 겨우 급한 대로 밥만 해 먹고 다녔다. 거의 매일 나가고 좀 늦게 나가는 아침 시간이나 모처럼 일찍 들어오는 저녁 시간은 너무 짧아서 일을 시작할 엄두를 못 내고 지내온 것이다.

옛날에 한 사람이 두 주먹을 불끈 쥐고 힘을 다해 뛰어 도망가면서 자꾸 뒤를 돌아보며 무어라고 소리 지르는 것이 이상해서 가까이 가서 들어 보니 아이고 살림 쫓아오는가 봐라, 솥단지 쫓아오는가 봐라, 하더라는 것이다. 해도 해도 끝이 없는 살림살이 짐이 얼마나 무거웠으면 이런 우스개가 다 회자되었겠나 싶다. 어릴 적 그 얘기를 어머니들이 대청마루에 앉아 박장대소하며 나눌 때는 그냥 따라 웃고 말았지 공감하며 그 애환을 꿰뚫지는 못했다. 그때 익살스러워 좌중을 항상 즐겁게 만드는 순창 아주머니는 그다음을 이어갔다. 그만 뛰라고 그러다가 넘어지겠다고 한 사람이 쫓아가니까 자기 잡으러 살림이 따라온 줄 알고 옆의 냇물로 뛰어들어 동동 떠내려가면서도 그 소리를 계속 외쳤다는 것이다.

어머니도 순창 아주머니도 다 이승을 뜨시고 그날 어린 것이 이제 그분들 그때 나이에 곱절이 가까워지도록 살고 있다. 부엌은 정리 말고도 한 번 들어오면 언제 시간이 갔는지 모르게 후닥닥 시간이 도망가는 곳이다. 부엌일을 잘 못하는 서툰 일솜씨가 유죄이긴 하겠지만 참 희한한 곳이 부엌이다. 신발 신고 내려가야 하는 옛날 부엌이나 건넌방 가듯이 들어서는 주방이나 이름만 달랐지 그 속성은 매한가지인 듯하다. 요즘처럼 편리해진 공간에서도 이럴진대 물까지 바깥 우물에서 길어다 먹어야 했던 옛 여인들의 노고야 어떠했을까, 짐작도 하기 힘들다.

이상한 것은 바쁜 와중에서도 부엌일은 때로 심신을 편안하게 해 주는 마력 같은 것이 있다는 점이다. 식구들의 밥을 짓고 국을 끓이고 나물을 무치고 생선을 조리고 멸치를 볶고 모처럼 불고기라도 양념하노라면 콧노래가 절로 나오는 게 여인들의 재미라면 도리질을 치려나? 아니다. 먹을 사람이 없어서 냉장고에 드나들다 버리는데도 멸치를 냄비 가득 볶아 놓고 때가 되면 오이지를 한가득 담아 놓고 애꿎은 며느리에게 전화한다. 오이지 가져가라고, '우리 애들 잘 안 먹어요.'라는 대답이 돌아오는 걸 잊었는지, 어쨌는지 연중행사로 그 짓을 왜 하는지 모르겠다. 아니다 안다. 그것이 삶이니까, 자신이 즐거우니까. 정신 요양 차원으로 그 오이값, 소금값은 아까워하지 말자. 오늘 냉장고 서랍에서 쫓겨난 저 오이지는 내일 또 늙은 아낙의 손을 거쳐 무침으로 변해서 냉장고 어딘가에 셋방을 얻으려 기웃거릴 것이다. 맛있다고 먹어주는 사람이 있는 것이, 바로 그 작은 것이 행복임을 그렇게 해 주던 주인공, 남편이 떠난 후에서야 알았으니 미련하기는 곰보다 한 수 윗길이다.

여인의 행복이 별거 아니고 이런 것이라고 하면 반 여성주의

자라고 쥐어박힐 일이지만 그래도 그것이 현실인 걸 어이하랴. 그것이 좋은 걸 어이하랴. 부엌은 그런 묘미가 있어 좋다. 주방보다는 부엌이 여인의 것인 양하여 부엌이 좋다. 부엌일은 적성에 맞지도 않고 하고 싶은 일 목록에도 없지만 그래도 부엌이 좋은 걸 어이하랴. 모처럼의 억지 휴가에 부엌 사랑에 흠뻑 빠져 볼까 보다.

2020. 3. 5.

투명인간

택시 타고 안녕하세요?라고 인사를 먼저 해도 대꾸가 없고 세상 근심 다 짊어진 듯한 모습, 불만 풍선이 차를 모니 불안하다. 단거리이지만 바늘방석이다. 하기야 요즘 여러 곳에서 투명인간 취급을 받는 것이 한두 번이 아니지만 그래도 여전히 먼저 인사하고 무안해하는 이 모양을 오지랖이라 해야 할지 어째야 할지 잘 모르겠다. 지하철 공중화장실이나 구내에서 청소하는 분들과 부딪치면 수고하십니다라는 말이 자연적으로 나오는데 반응은 투명인간 취급으로 돌아오는 경우가 약 90퍼센트쯤 되는 것 같다. 이유가 뭘까 하고 곰곰이 생각해 보니 불신과 무관심에 대한 습관적 적응이 아닐까 싶었다.

서로가 상대방에게 먼저 친절하게 대하는 노력에서부터 우리 사회가 밝아질 것 같다는 마음이 들면서 좀 전의 어섀암과 서운함이 사라졌다. 우선 더 이상 말을 걸어 자극시키지 말고 조용히 가자. 그리고 내릴 때 친절히 인사하고 내리는 거다. 거기서부터 사회변화의 큰 계획이 한 발짝씩 앞으로 가는 거다. 희망을 버리지 말자. 수고하는 모든 분들에게 고마운 마음으로 깍듯이 인사하자. 그러면 언젠가 변화가 오겠지. 모든 것은 네 탓이 아니라 바로 내 탓이라는 겸손한 마음으로 실천을 지속하자. 나도 모르는 사이 바로 내가 누군가를 투명인간 만들었을지 모르는 일이니 반성하는 입장으로 몸을 낮추고 살아보자. 아마 하늘이 한껏 높고 시원해질지 누가 알랴.

2021. 7. 22.

손때

오랫동안 곁에 있으면서 미운 정 고운 정 다 든 물건에 묻어 있는 흔적을 손때라고 부르는 것 아닐까? 찬장을 열면 딸아이가 사다 놓은 새 그릇들과 반세기가 넘도록 주방을 함께 지켜준 구식 그릇들이 정답게 앉아 있다. 그 모양새가 딸의 눈에는 어울리지 않고 구질구질해 보여서 눈살을 찌푸리게 되는 모양이다. 옛날 그릇 좀 내다 버리라는 성화에 2년 전 이사 때 눈물을 머금고 처녀 때부터 우유를 따라 먹던 머그잔을 버렸다. 물건에 대한 물질적 욕심으로 못 버린다고 핀잔을 하지만 그 잔 하나에 묻은 어미의 손때를 40대의 그 아이가 아직 알 리 없으니 어찌하랴, 젊은 그 시절의 심정도 이해해야 하니 양보할 수밖에. 이제 내 시대는 끝났다를 수없이 삼키면서 눈 딱 감고 버렸다.

이번에는 저번 이사 온 후 한 번도 안 쓴 그릇은 모두 버리라는 게 딸의 제안이다. 이건 비싸게 산 크리스털 잔인데, 이건 어디 여행 때 마음먹고 사 온 것인데, 나름의 추억과 사연이 담긴 그릇들을 무조건 버리고 가자니 난감한 일이다. 하기야 서로 부딪칠 정도로 빼곡하게 넣어서 꺼내 쓰기도 힘드니 할 말은 없다. 한쪽의 그릇 세트를 보면서는 "이 건 이 건" 하고 말문을 못 여는데 아이가 냉큼 받아친다. "으응 나 보낼 때 주려고 샀다고오? 그런 것 미리 사 두면 더 못 가는 것 알지?" 하면서 속을 지른다.

아이들 이유식 추억, 남편 밥 해 줄 때 추억, 시부모 생각, 힘들 때 안 산다고 내팽개치고 싶었던 사연, 말로 다 이어가기 어려울 정도로 숱하게 많은 사연들을 고스란히 담고 있는 그릇들을 어째서 못 버리는지 알 때가 되면 아마 내가 그 아이 곁에 없을 것이다. 그저 구닥다리 그릇일 뿐이겠지만 어미에게는 보는 것만으로도 그 시절이 그리워지는 그 손때를 어찌하라고 마냥 버리자는 것인지.

40년이 된 옷장을 멀쩡한데 버리란다. 옷장을 열고 남편 넥타이 고르던 일, 양복 챙겨 주던 일, 출근하는 남편 등을 바라보며 무한히 행복했던 그 시절을 알 리 없으니 그저 구질구질해 보인다는 죄목으로만 버려질 운명에 처한 것이다. 그 심정을 알기나 하냐고 푸념을 하자니 시집도 안 간 것이 가엾어서 그럴 수도 없다.

책들도 사연이 있고 아직도 찾아봐야 할 것들이 많은데 무조건 버리라니 기가 막힐 노릇이다. 저자 사인이 잉크도 마르지 않은 것처럼 말짱한데 둘 곳이 없다고 버리자니 할 말이 없다. 수상 기념품, 상패, 기념패 등 많기도 하다. 그것이 없어진다고 해서 무슨 큰 변화가 있느냐고 반문한다. 그거야 그렇다 치더라도 책들은 정말 버리기가 난감하다. 내 지식의 보고로서의 추억 외에 아직도 자료의 원천이 아니던가. 문인들로부터 받은 사인 된 저서들을 버리자니 황당하고 참으로 기막히다. 글벗들께 미안한 마음을 무어라 표현하기 힘들다.

에라 모르겠다. 어차피 머지않아 위에서 부르시면 손때 묻은 세상을 통째로 남겨두고 황황히 떠날 건데 무슨 미련이 그리도 많은 것이냐, 이삿짐센터 사람들이 들이닥치고 부나비같이 움직이며 짐을 꾸리는데 금세 짐 덩어리가 돼 버린 어미를 아들이 차에 태워 어디론가 달려간다. 한참 후 내린 곳은 교외의 아름다운 정원이었다. 그래 마음대로 버려라, 이제 네 손때도 만만찮게 묻었을 테니 묵은 때는 지워야겠지. 멋진 카페에서 하루를 보내고 돌아온 집은 낯설기 그지없다.

손때가 이렇게 만만하고 아늑한 것인지 미리 좀 알았더라면 좋았을 것을.

2021. 4. 17.

소녀의 꿈

감정이 없이 곡조만 따라 한다고 노래가 되는 것이 아니라며 교탁을 치시던 음악 선생님의 열정적이던 모습이 떠오른다. 그 아름다운 강을 따라 흘러가는데 그토록 메마르게 노래하면 어떡하느냐고 호통을 치셨지만 우리는 그 강이 얼마나 아름다운지 본 적이 없으니 곡조 따라가기 바쁠 수밖에 없었던 게 당연한 일이었을 수도 있다. 「저 푸른 도나우강」이라는 제목의 노래를 배우던 음악시간의 일이니 60년도 더 지난 옛날이야기이다. 그 시절 음악 교육을 받은 학생들이라면 너나없이 그 푸른 도나우강이라는 곳이 환상이 되었다. 아름다움과 낭만과 사랑이 무르녹아 있을 것 같은 그곳으로 한 번 가 보고 싶었다.

선생님은 노래를 노래답게 부르지 못한다고 호통을 치시며 음악에 대한 열정으로 가득하셨지만 생각은 그 아름답다는 도나우강이라는 곳을 따라 흘렀다. 창밖을 내다보며 하염없이 흐르는 뭉게구름에 소녀의 꿈을 띄워놓고 훨훨 날아가고 있었다. 흩날리는 벚꽃 잎 비가 싱숭생숭하게 하는 봄날이면 그 꿈은 한없이 멀리 날아가고 있었다. 머리에 서리를 이고서야 그 강변에 섰을 때는 그 선생님은 이미 다른 세상으로 떠나신 후였다.

소녀는 간 곳 없고 감정은 무딜 대로 무디어진 한 노파가 선 곳은 황홀할 것 같던 그 푸른 도나우강이 아닌, 고풍스런 도시의 은은함을 살린 부다페스트의 야경을 즐기는 뱃전이었다. 총천연색으로 요란스럽지 않고 엷은 주황빛 톤의 불빛이 고층건물 아닌 옛 중세 건축물의 지붕 선을 따라 도시의 윤곽을 전하는 그런 야경은 압권이었다. 초고층 건물 숲의 위용을 자랑하는 뉴욕의 야경과는 사뭇 다르고 예술성을 강조하는 파리의 것과도 다른 신비감 같은 것을 느끼게 하는 그런 것이었다. 도시 전체가 옛 모습을 그대로 간직하고 있어서 유네스코 세계문화유산으로 지정된 도시 부다페스트, 난개발로 옛 모습을 많이 훼손하긴 했지만 우리 서울도 남산의 선에 저런 색깔을 입혀 야경을 만들면 어떨까 하는 엉뚱한 생각을 하느라 제대로 다 즐기지도 못한 채 배에서 내렸던 것 같은 게 서너 해 전의 일이다.

우리 한강도 충분히 아름다운데 어째서 우리는 그 한강이라는 상표로 세계인들을 불러 모으지 못할까를 곱씹으며 말을 잊었던 그 밤을 잊지 못한다. 생각 밖의 도나우강에서 음악 선생님을 떠올리며 그때 우리가 부른 노래가 지금 이 강의 모습보다는 훨씬 낭만적이었다는 소리를 볼멘 음성으로 삼켰던 기억만 생생하다. 세상에 그 강에 바로 그 강에 우리 국민 십수 명이 빠졌다. 가족 여행을 떠난 어느 집은 실종자가 할머니부터 유치원 어린이까지라니 기가 막혀 말이 잘 나오지 않는다. 그 할머니가 바로 나와 같은 시기에 소녀의 꿈을 키우다가 오늘 그 강변에 섰을 것 같은 생각에 자꾸만 목울대가 켕겨 올라온다. 물론 나보다야 한 십 년 젊겠지만 남의 일 같지가 않다.

그에게는 바로 그 여행의 시점에서 어떤 꿈이 있었을까? 어쩌면 오늘의 이 즐거운 여행을 허락하신 하나님께 감사하거나 아니면 자기의 종교에 따른 어떤 절대자에게 한없는 감사를 표하고 있었을지도 모른다. 자녀들의 형통함과 자신의 여생을 편안하게 허락받았으면 좋겠다는 소박한 꿈이 있었을 것이다. 그도 또한 그런 여행길에 올랐으니 소녀의 꿈이 실현되었을지도 모를 일이다.

구명조끼를 안 입혔다느니 안전 불감증이라느니 인재라느니 하는 똑같은 사고 뒤 소식이 꼬리를 물고 흘러나온다. 처참하게 물에 처박힌 선체의 모습이 화면을 채우고 기막힌 사연들이 눈시울을 붉히게 한다. 우리도 구명조끼를 입었는지 어쨌는지 기억이 없다. 사진을 찾아봐야 알 일이다. 우리가 그때 구명조끼를 입고 말고가 지금 아무 도움이 될 일도 아니니 헛힘을 뺄 일도 아닌 성싶다. 실종자들의 생환 소식이 들려오기를 간절히 바랄 뿐이다.

2019. 6.

때

참외, 수박, 복숭아, 자두, 토마토 등 제철 과일이 진열대를 채우고 있다. 오랜만에 보는 우리의 여름 과일 잔치인 것 같다. 시도 때도 없이 체리, 키위, 바나나, 오렌지, 자몽 등속의 외국 과일에 밀려나 있던 것 같은 과일 가게의 진열품이 옛날 같아졌다는 반가움에 발을 멈춘다. 수박을 먹고 싶은데 냉장고에 빈자리도 없고 한 통을 갈라서 다 먹을 사람이 없다. 아쉽지만 참외 한 봉지를 사 들고 돌아섰다. 수박 한 통이 모자라던 때가 그리워진다.

김치찌개를 끓이려고 김치 한 조각을 베어 물었더니 물컹하고 씹히는 맛이 영 글렀다. 며칠 전까지만 해도 이러지 않았는데 채 1주일도 안 되는 동안에 폭삭 삭아버린 느낌이다. 김장김치를 한여름까지 먹었으니 아무리 냉장고가 좋다 한들 때는 어쩔 수 없음을 실감하는 순간이다.

2020. 7.

2

왜 이다지 공허한가

건방진 용서

6월이 다 가기 전에 다녀와야 할 것 같다는 생각이 들었다. 단체의 행사 등으로 6월이면 현충원을 참배할 때가 많았거나 현충일 기념식에 경건한 마음으로 차분히 앉아 방송으로라도 머리를 숙여 호국영령들께 추모와 감사의 인사를 올리곤 해 왔다. 요즘에는 그것조차 잘 안되어 시간을 놓치고는 마음이 무겁고 미안했다. 이제 철이 들었는지 혼자서라도 참배 한번 하고 와야겠다는 생각이 불현듯 들면서 조바심이 났다. 그분들의 희생이 아니었으면, 인천상륙작전이 며칠만 늦어졌어도 우리 엄마와 나는 인민군에 의해 소개 당해 북녘땅 어딘가에서 비참한 생활을 했을 것이다. 아마 이미 죽었겠지 하는 데까지 생각이 미치자 6.25 당시의 일이 주마등처럼 지나가며 모골이 송연해진다.

반동분자놈의 에미나이라며 길에서 친구들과 놀고 앉아 있는 9살짜리 계집애의 땋아 내린 머리 꼬랭이를 사정없이 잡아 흔들던 사내, 그 눈빛은 뱀 같았다. 하나님 앞에 가서 열 번을 책망받는다 해도 그들을 동족이라는 이름으로 용서 운운하는 것에 동의할 수 없는 이유이다. 국군장병의 목숨값으로 지금의 내가 있는데 1년에 단 하루, 6월의 하루를 그분들께 참배하는 것으로 보내고 싶었다. 그런 생각을 구체적으로 하게 된 것이 70년 만이니 이제야 철이 좀 드는 모양이다.

이른 아침 현충원은 고요했다. 충혼문을 들어서 현충탑 앞에 묵념을 올리고 무명용사비를 우러르니 만감이 교차한다. 그동안 여럿이 함께 왔을 때와 사뭇 다른 경건함에 머리 숙여 참배하며 미안하다는 사과와 감사하다는 고백을 소리 없이 바쳤다. 누구에게나 목숨은 하나씩뿐인데 나라를 구하고자 그 귀한 생명을 초개와 같이 버림으로써 나라를 구하신 고귀한 피가 금방이라도 뚝뚝 떨어질 것 같다. 묘역을 돌며 머리만 조아릴 뿐 할 수 있는 일은 아무것도 없었다. 영령님이 아니었으면 저는 지금 여기 없을 거라며 '서울에서 북으로 끌려갈 뻔한 9살 계집애, 당시 서울 거주'라고 방명록에 쓰는 일만이 감사의 표시였다.

이승만 대통령 묘소로 발걸음을 옮겼다. 1950년 6월 25일 서울 중구 저동2가 14번지의 우리 집에서 북괴군의 남침만을 알리며 국군장병은 귀대하라는 방송, 그리고 북이 38선을 넘어왔으나 잘 물리치고 있으니 서울 시민들은 걱정하지 말라는 아나운

서의 반복적인 보도를 전해 들으며 아버지 무릎에 기대 있던 나는 서울 교동초등학교 3학년 재학 중이었다. 27일 밤 지하실에서 국민 여러분 걱정하지 말고 안심하고 있으라는 이승만 대통령의 방송을 서울 경무대에서 하는 것으로 알고 정부의 발표를 철썩 같이 믿으며 잠이 들었다.

이튿날 아침 눈을 떠보니 소련제 탱크가 서울 한복판에 버젓이 들어와 있는 게 아닌가? 이렇게 서울 시민은 독 안에 든 쥐가 되어 석 달의 생지옥을 겪었다. 어디 그뿐인가, 우리 아버지 같이 북괴의 손에 강제로 납치되어 북으로 끌려간 소위 납북인사가 10만을 넘어섰다.

이승만 대통령의 그 방송만 없었더라도 우리 아버지가 잡혀가지 않았을 것이라는 원망이 신념처럼 뇌리에 박혀 70년을 미움으로 살았다. 세상에, 대전의 충남 도지사 관사에서 한 방송이라니 어이없는 일이었다. 용서할 수 없는 일이었다. 여고 3학년 때 학도호국단 대표로 경무대를 예방해서 이승만 대통령을 뵙게 되었는데 대춧빛 안색의 온화한 미소를 띤 그 어른을 보는 순간 그동안의 미움이 봄눈 녹듯 사라지며 꼭 이웃집 할아버지 같다는 생각이 들었다. 마음 같아서는 그때 왜 그러셨느냐, 안 그러셨으면 우리 아버지 안 잡혀갔을 것이고 내가 행복했을 것 아니냐고 따져 묻고 싶은 충동을 억누르느라 애꿎은 입술만 멍이 들었다.

그날 이후 이승만 대통령에 대한 미움이 거의 없어지려 해서 마음을 다잡아가며 미움을 계속해왔다. 그러던 것이 수년 전부터 그럴 수밖에 없었지 않겠느냐는 이해로 돌아서면서 마음이 좀 편해지기는 했지만 완전한 용서는 되지 않았다. 세상이 야릇하게 변하고 북에 대한 시선이 너무 기막히게 바뀌는 동안 생각이 많이 달라졌다. 그래도 그 어른이 대한민국을 건국해주지 않았더라면 어찌 됐을까 하는데 생각이 미치면서 그 공로로 전쟁 중의 민심 수습을 위한 고육지책일 수밖에 없었던 그 밤의 방송은 이제 용서해 드려야 될 것 같다는 마음이 들기 시작했다. 오늘 그 어른을 찾아뵙는 것은 내 마음의 앙금을 말끔히 씻어버리고 흔쾌하고 온전하게 그 어른을 용서해 드리기 위함이다.

한강이 내려다보이는 곳에 누워 계신 이승만 대통령 묘역에 다다르니 만감이 교차한다. '건국대통령 존경합니다.'라는 문구로 방명을 했다. 그 안에 어린 소녀의 용서와 늙은이의 화해가 함께 엉겨있다고 본다. 이제 비로소 내가 자유를 얻을 것 같다. 하나님을 믿는다 하면서 용서하지 못하고 계속 강팍하게 마음을 다잡아 왔던 70년의 족쇄가 스르르 풀리는 순간이다. 피해 다니던 아버지가 집에 숨어들어 온 것을 고발한 사람을 오빠가 바로 용서해 주라고 9.28 수복 직후 경찰에 오히려 탄원했던 심정을 이해할 것 같았다. 그 사람 벌준다고 우리 아버지가 다시 돌아올 것도 아닌데 전쟁 중의 일로 사람 상하지 않겠다는 것이 오빠의 생각이었다. 오빠도 그 일로 한때 원망스러웠지만 워낙 아버지 같은 오빠라 감히 대들어 보지도 못했다. 역시 우리 오빠는 훌륭한 사람이었고 아버지가 자랑스러워해도 부족함이 없는 그런 인품이 아닌가?

이승만 대통령 내외분께 참배하고 하늘을 우러르니 무심한 뭉게구름만 두둥실 떠 있다. 그래, 어차피 인생이 구름 같은 것을 무얼 그리 아옹다옹할 것 없지, '하나님 저 오늘 그동안 이승만 대통령 미워한 것 다 용서해 드립니다. 건국대통령 공로가 그보다 크신 것 같아서입니다. 제 판단의 옳고 그름이야 제가 알 수 없지만 건국에 대한 감사와 6.25 초기의 대국민 민심 수습 차원의 방송에 대해 다 용서해 드리겠습니다.'

하직 인사를 하고 돌아서 내려오는 발걸음이 한결 가벼워졌다. 동작동 너른 품이 감싸 안아 주는 듯하다. 그래 미래로 가자, 과거에 얽매어 종노릇 하지 말고 넓고 먼 미래로 가자. 우리 후손들이 더 큰 세상에서 뜻을 펼 수 있는 밝은 미래로 가자. 현충천을 따라 걷는 숲길이 그렇게 포근할 수가 없다.

2021. 6. 20.

기억의 집

아침에 눈을 뜨니 가슴이 설레서 자꾸 마음이 헛놓인다. 하늘은 깨끗한데 시야가 희뿌옇게 흐릿하다. 서재 문을 열고 아버지를 만난다. 오늘 따라 책상 위 아버지는 미소로 반긴다. 기다릴 테니 어서 오라는 환영의 표시인가보다. 강의 날이라 낙성식엔 못 갔지만 문을 활짝 열고 첫 손님을 맞는다는 날, 개관식은 차마 빠질 수 없어 휴강하고 나서는 날이다. 어머니의 산소 봉분 위 흙 한 줌 덜어 온 것을 소중히 품어 안고 집을 나선다.

인간 역사에 기억되어질 만큼의 중요 사건이 얼마나 많은가? 그중에서도 남겨질 만큼의 가치가 있는 것의 기준은 여러 가지가 있겠지만 인류사에 좋은 영향을 끼쳤거나 국가 민족을 위해 자신을 바친 사람들의 자취가 대부분이다. 다른 하나는 그 반대로 큰 해악을 끼쳤거나 비극적인 역사를 상세히 기록하고 남겨서 똑같은 불행을 되풀이하지 말자는 교훈의 장으로 삼고자 하는 경우이다. 유태인 학살의 현장인 아우슈비츠 같은 곳이 대표적인 예라 할 수 있다.

6.25전쟁 중에 무고한 민간인이 북한군에 의해 납북되어 끌려가 돌아오지 못했다. 고위 지도급 인사에서부터 청년에 이르기까지 무차별적으로 여러 분야의 사람들을 북으로 끌고 갔건만 그들은 그런 사실이 없고 자진 월북이라고 오리발을 내밀고 있다. 휴전 회담 때도 포로 문제만 타결을 하고 민간인 납북 문제는 유야무야되어 방치되었다. 9.28 서울 탈환 직후부터 가족들이 모여 움직였지만 아무 성과도 거두지 못했다. 어이없게 가족을 빼앗긴 가족들의 고통만 컸지 관심밖에 있던 이 전쟁 납북자 문제에 나라가 관심을 갖고 조치를 취하기 시작한 것은 60년이 지난 후였다.

법률을 만들고 6.25전쟁 납북 진상조사위원회를 국무총리실에 두고 신고 접수를 받기 시작했다. 10만 명이 넘는 것으로 추산됐던 납북자의 신고는 겨우 5천 명 가까운 숫자에 그쳤다. 납북자의 연령이 높아 이미 작고했을 가능성이 높고, 배우자들이 거의 사망한 경우가 많아 신고에 열의를 가질 사람들이 대부분 없어진 후여서 신고 건수가 극히 저조한 것으로 추측된다. 직계 자녀도 고령에 가까우니 작고했을 가능성이 높은 아버지에 대한 신고에 열의를 갖지 않았을 것이라는 분석도 있다. 향후 준엄한 역사적 심판을 위해서나 이런 만행의 재발방지를 위해서, 그리고 훌륭한 아버지들의 억울한 희생을 역사에 기록으로 남겨야 한다는 사명감으로 신고한 경우가 대부분이라고 생각한다.

당초 법률이 정한 대로 신고 접수를 마친 정부는 명부를 보완 작성하고 6.25전쟁납북자기념관을 건립하였다. 오늘은 임진각 평화누리공원 옆에 세워진 이 기념관의 개관일이다. 납북자를 끌고 간 양대 북행길의 하나인 파주 경의선 철로 연변인 이곳에 아버지의 원혼이 쉼터를 갖게 된 것이다. 달리고 싶다는 철마도 녹슬 대로 녹슨 노구를 힘겹게 버티고 서 있는 그곳에는 무심한 관광객들의 밝은 웃음이 허공을 가른다. 교통이 좋은 구파발역 근처에 후보지로 점 찍힌 자리가 있었다는데 해당 지자체장의 거부로 부지 마련에 실패했다는 후문만 들었으나 확인할 길은 없다. 전쟁 후 새로운 분단선이 된 휴전선이 가깝고, 휴전의 회담장인 판문점도 가깝고, 서럽게 끌려가신 그 길 근처이니 의미가 있을 것이라는 판단으로 이곳에 자리를 정하게 되었나 보다.

아무 데면 어떻고 아무러면 어떠냐, 어차피 털끝 하나 만져볼 수도 없고 오직 슬픈 기억 한 조각 만나는 것일 뿐인데 어디면 어떠랴. 한 치 건너 두 치라는데 살을 섞고 살던 어머니도 가고 없는 이 마당에 그보다는 덜 아픈 딸인데 이것도 감지덕지할 일이다. 3층 규모의 아담한 기념관 옆 뜰에서 천막을 치고 개관식이 시작되었다. 국가가 지은 기념관인데 대통령은 물론이고 국무총리도 불참이다. 통일부 장관이 참석자 중 최고위 공직자다.

그동안 줄곧 이 일을 위해 헌신해 온 우리 6.25전쟁 납북자 가족회 이미일 이사장도 손님으로 축사 한마디 할 뿐이다. 이렇게 할 수 있도록 관련법을 발의해 준 박선영 의원의 축사 한마디도 들을 수 없어 아쉽고 미안했다. 추운 날씨에 참석해 준 그분 얼굴을 보기가 괜히 민망해졌다. 오늘의 이 집이 서는 데 있어 공로자의 한 분인데 덕담 한마디 부탁해서 어디 덧나나 싶은 생각에 공연히 얼굴에 심술이 돋아났다. 아직도 덜 늙어서 이렇게 감정의 기복이 요동치니 큰일이다. 그래도 이제 그런 감정을 혼자 삭이는 경지에는 이른 걸 보면 갈 날이 가까이 오기는 했나 보다.

식을 마치고 건물 안으로 들어가 전시관을 둘러보는데 유품을 챙겨 드리지 못한 게으름에 후회했다. 아버지의 흔적을 내다 놓아 드릴 걸 차일피일 찾지 못해 미룬 것이 죄송했다. 납북자들의 이름 석 자를 정성스레 새겨서 세운 기억의 벽에 이르러 아버지 이름 '오해건' 앞에 절도 제대로 못하고 손만 휘젓다 사진만 한 장 찍어 담고 돌아서는데 눈물도 나지 않는다. 좋은데 어찌 울겠는가. 이제 아버지의 쉼터가 마련됐으니 더 바랄 것이 없다. 밖으로 나와 추모탑 성격의 조형물 앞에 서니 명치끝이 아프다. 북쪽으로 향한 부분이 좀 치켜 올라간 ㄷ자 형태의 구조물을 세우고 그 위로 포승줄에 묶인 채 북으로 끌려가는 아버지들의 형상을 조각해 세웠다. 그 아래 땅 위에는 한 아버지가 남쪽을 향해 발걸음을 떼는 모습으로 세워져 있다. 납북과 귀환을 형상화했다는 설명을 들으며 꼭 저렇게 가엾게 만들어야 했을까 싶어 가슴 한쪽이 자꾸 아려왔다.

곱게 싸 들고 온 종이컵 안의 흙 한 줌을 조용히 그 발치에 사르르 부어 설움으로 섞어 놓고 돌아섰다. 지난 추석 성묫길에 어머니 산소의 봉분 위에서 한주먹 들고 온 흙이다. 생각 같아서야 뗏장 하나 떠다 놓고 싶지만 공공 시설물에 그럴 수 없는 일이니 이것으로 족하다. 이나마 공연히 뒷머리가 당겨 얼른 잰걸음으로 물러 나왔다.

"아버지 왜 우리는 이렇게 서러운 기억만 해야 하나요? 직접 총칼을 들고 나라를 구하려 전쟁터에 나갔다가 당한 희생이 아니니 자랑스러울 것까지는 없더라도 지도급 인사라는 이유로 반동이라는 딱지를 붙여 적군이 잡아갔다면 국민을 지키지 못한 국가라는 기관이 그 아픔을 위로하고 보상함은 당연한 것인데 왜 우리는 이렇게 오랜 세월 기다리고 노력해서 겨우 이제야 이만한 대접도 은혜의 차원에서 감사해야 하나요? 현충일이면 현충원에 찾아가 남편의 묘비 앞에서 오열하는 소복 여인들을 보면서 가슴 치고 우는 엄마 때문에 그날 새벽이면 일찍 일어나 문밖의 신문을 몰래 갖다 감추던 때면 얼마나 분하고 억울했는지 모릅니다."

초겨울 하늘에는 무심한 구름 한 조각 외롭게 떠 있다. 어머니일까, 아버지일까, 아마도 지아비를 찾아온 가여운 내 어머니일 것 같다. 자, 두 분이 마음껏 회포를 풀도록 못난 딸은 자리를 비켜 드려야겠다. 차에 올라 달리는 임진강변 노을이 오늘만은 서러움 반 기쁨 반이다. 기억의 집, 공식 이름이 되지는 못했지만 아무리 생각해도 신통한 작명이라고 자화자찬하는 동안 어느새 자유로 끝자락에 차가 밀린다.

2018. 1. 9.

그해 여름의 달콤함과 씁쓸함

기말고사가 있어 힘들기는 했지만 여름방학을 손꼽아 기다리던 7월은 무럭무럭 자라주는 벼 포기를 보면서 농부가 희망의 미소를 짓는 그런 달이었다. 나라의 기초인 헌법을 만든 제헌절이야 우리는 너무 어릴 때라 그 엄숙한 기쁨을 누릴 처지가 아니었지만 12살의 7월은 아픔으로 기억된다. 이제 다 잊었겠지만 6.25전쟁의 피해 당사자들에게는 가슴 깊이 간직된 또 하나의 상흔이다. 3년을 끌던 전쟁이 드디어 휴전으로 막을 내렸다. 1953년 7월 27일, 1950년 6월 25일을 잊을 수 없지만 이날 휴전일 또한 잊을 수 없는 날이 되고 말았다. 세상에 70년이 다 돼 가도록 이렇게 허리가 동여매인 채로 질질 끌면서 살게 될지 누가 상상이나 했을까?

더운 여름날 난데없이 겉에 영어가 쓰여 있는 자그마한 상자가 각 집으로 전달되었다. 궁금해서 뜯어보니 통조림 캔을 비롯

해서 조그맣게 소포장 된 여러 가지 것들이 들어 있어 생소하기 그지없었다. 6.25전쟁 중이라 피난민에게 위문품이 가끔씩 전달되곤 했지만 이런 것은 처음이었다. 어른들이 그것들의 소포장을 뜯는데 말하자면 요즘 흔한 1회용 소포장이었다. 어느 것인가를 보니 주황색 가루였다. 입에 넣어보니 새콤달콤 맛이 좋았다. 연이어 다른 봉지를 뜯어 입에 넣으니 한약같이 쓰다. 세상 나서 처음 먹어본 것들이다 오렌지와 커피 가루였다. 이름도 모르고 먹었지만 그 안에 버터 치즈, 크래커 햄 등등 고루 들어 있었던 거다. 미군들의 전투용 비상식량, 이름하여 C 레이숀이라는 것을 우리 삼천만 백성이 한날에 받아먹었던 거다. 그것이 단순한 전쟁난민 위로물품이 아니라 휴전 민심 달래기용이었다는 설명을 듣고 아연실색할 때는 이미 휴전선이라는 이름의 155마일 분단선이 고착되어 버린 후였다. 지금도 그 설명이 사실이 아니기를 바라는 마음이다.

화끈해서 여름이 좋다는 손녀가 바다에 간다고 일회용 음식들을 이것저것 가방에 챙겨 넣는다. 이제 우리가 이럴 정도가 된 것은 기적에 가까운 축복임이 틀림없으니 그저 감사해야 할 일이지만 아직도 묶여 있는 허리를 생각하면 눈이 따끔거린다. 7월이 오면 그날의 오렌지 가루 새콤한 맛이 되살아나 가슴 한구석이 새큰하다. 커피 가루의 쓴맛은 오늘의 역사를 예시라도 하고 싶어서였을까?

2021. 7.

그날은 일요일이었다

아버지는 등의자에 기대앉으시고 우리 가족들은 그 앞에 둥그렇게 모여 앉았다. 창밖의 정원은 여전히 아름답고 고즈넉했다. 적산 가옥이라 일본식 정원이었지만 9살인 내게는 정원의 국적 같은 건 관심 가질 나이가 아닌지라 그냥 좋았다. 잘 배치된 소나무도 좋았고 크고 작은 돌들이 어우러져 있는 것이 동산 같아서 더 좋았던 것 같다. 자갈돌들이 잘 깔린 길을 따라서 옥잠화가 나지막하게 심겨 있었는데 그것은 훗날 어머니의 옥비녀와 함께 하나의 어머니 이미지로 박제되었다.

점심을 먹기 전이었는지 후였는지까지는 잘 기억나지 않지만 바로 한 주일 전 저녁에 상경하신 아버지와 처음 맞는 일요일 낮이라 온 식구들이 한자리에 모여 앉았다. 아버지의 말씀을 들으려는데 고대생 사돈총각이 급한 뉴스라며 라디오 소리를 키웠다.

-오늘 새벽에 38선에서 북괴군이 쳐들어와 즉각 물리쳤다. 시민들은 안심하시고 국군장병은 모두 즉시 귀대하라.- 이런 내용의 방송이었다. 몇 시경부터 그런 방송이 나왔는지는 알 수 없으나 아무튼 우리 가족들은 느긋한 일요일 낮에 한가롭게 모여 앉았다가 날벼락 같은 소식을 접한 것이다.

바깥이 소란스러워지더니 일하는 언니가 뛰어 들어와 다급하게 어머니를 부른다. "마님 나와 보세요. 의정부에서 왔다는 사람들이 물 좀 달라 해서 주었는데 새벽에 길을 뜬 피난민들이랍니다. 아침들도 제대로 못 먹은 사람도 많대요. 우리보고 왜 피난 안 가고 이러고 있느냐며 어서 떠나래요." 어머니는 쌀부터 담가 밥을 지으라며 일어서서 바깥으로 나가셨다.

쪼르르 따라 나가보니 하얀 옷을 입은 사람들이 등짐을 지고 머리에 흰 끈을 동여매기도 하고 지게를 진 사람도 있는 것 같고 아무튼 우리 집 큰 대문 안 중간 뜰이라 할 공간에 하나 가득 모여 있었다. 한 이삼십 명 되는 것 같았다. 어머니가 밥을 짓고 있으니 요기들을 하고 떠나시라고 하면서 도대체 어찌 된 일이기에 이렇게 피난 짐을 쌌냐고 물으셨다.

"아이고 말씀도 마십시오. 새벽에 총소리가 콩을 볶더니 북괴놈들이 쳐내려오는 중이라 해서 밥도 제대로 못 먹고 우선 입을 옷가지와 양식 좀 챙겨 들고 정신없이 달려 내려온 겁니다. 이 댁도 이러고 있지 말고 빨리 뜨셔야 해 안에 한강을 건너실 텐데 우리 밥을 먹여 주신다니 고맙습니다. 어서 짐을 싸시고 우리와 함께 뜨십시다."

어머니는 지금 방송에서 다 물리쳤다고 하며 국민들은 안심하라고 하던데 너무 성급하게 내려오셨으니 요기하시고 어서들 댁으로 돌아가시라고 했다. 놈들이 지금 미아리고개 넘고 있지나 않은지 모르겠는데 태평한 소리 하지 마시고 어서 짐을 싸라고 안타까워했다. 안으로 들어온 어머니가 그 말을 아버지께 전하니 아버지는 백성들이 이렇게 나라가 하는 말을 못 믿으니 참 정부도 일하기 힘들겠다며 혀를 끌끌 차셨다.

하루 굶어서 안 죽는다며, 밥을 언제 기다리느냐고 길을 뜨는 사람들도 있었지만 대부분 기다렸다가 밥을 먹은 후 고맙다며 함께 떠나지 않는 우리가 걱정스러워 몇 번씩 더 설득하다가 고개를 가로저으면서 떠나갔다. 그들은 자기들 말대로 해안에 한강다리를 건넜을 것이고 목숨들을 지켜냈을 것이다. 밖에서는 안 떠나는 우리가 이해 안 되고 안에서는 공연히 고생을 사서 하는 사람들이라고 그 피난민들이 이해가 안 됐다. 의정부 동두천 등의 지명은 내가 태어나서 그날 처음 들었고 평생 공포가 먼저 떠오르는 지명이 되었다. 그들은 떠났고 방송은 계속 같은 내용의 공지문을 뉴스로 내보냈다. 우리는 아버지의 5.30선거 후일담 등과 나라의 분단에 얽힌 이야기들을 나누었던 것 같다. 그 사람들 공연히 고생들 하겠다며 뒤숭숭하기는 하지만 오랜만에 아버지가 계셔서 아주 즐거운 시간을 가졌다.

2대 국회의원 총선거인 5.30선거에 고향 김제에서 입후보한 아버지가 선거 치르러 어머니와 함께 몇 달 전에 내려가셨다가 어머니는 끝나자마자 올라오시고 아버지는 1주 전인 6월 18일 저녁에 상경하신 것이다. 아버지는 예상을 뒤엎고 차점도 아닌 3등이라는 초라한 성적표를 받고 낙선했다. 패배의 잔이 쓰기도 했겠지만 정리할 일들도 많고 마음도 그렇고 여러 가지 사정으로 고향에 계셨는데 내가 백일해로 반년쯤 콜록거리며 사경을 헤맬 지경이니 급히 올라오신 것이다. 고향 만경강의 민물고기 짜가사리가 백일해에 특효약이라고 해서 그걸 새끼줄에 꿰어 들고 올라오셨다. 그것이 원수의 6월 25일 바로 그날 단 1주일 전 일요일이었다. 이런 일정들이 운명의 날들로 내 머리에 가시 되어 박힐 줄 그때는 아무도 상상조차 하지 못한 일들이었다.

나는 원 없이 아버지 품에 안기어 그동안의 외로움을 달래고 마음껏 아양을 부리며 가슴을 파고들었다. 4월 개학이지만 백일해로 거의 학교에 가지 못하고 있던 중이라 날마다 일요일 같이 보내고 있던 중이었지만 그날 일요일은 아버지가 계시고 여러 일들이 있어서 특별하고 재미있는 일요일이었다. 일상인 줄 알았던 그날 그 광경이 내 생애 마지막의 것이 되고 말 줄 어느 누군들 알았으랴. 1950년 6월 25일은 그렇게 찬란하게 지나갔다.

정부발표 믿은 덕에 '독 안에 든 쥐' 신세

6월 26일은 일상적으로 보냈다. 북이 38선에서 총격을 가하고 도발했지만 물리치고 오히려 북으로 밀고 올라가는 중이라며 모두 안심하고 있으라는 방송만 계속되었다. 그날부터인가 다음날인가 지하실로 내려갔다. 지상으로 노출된 부분이 전혀 없이 완벽하게 지하에 묻힌 공간이었다. 그야말로 방공호였다. 잘 지은 적산 가옥이라 그런 구조였던 것 같다. 이승만 대통령이 직접 육성으로 지금까지 방송되던 내용 그대로를 국민에게 직접 알린다고 방송하였다. 지하실에서 그 소리를 듣고 잤는데 6월 28일 새벽에 깨어나 보니 서울 시내에 소련제 탱크가 밀고 들어와 있었다. 그리고 한강 다리는 이미 끊긴 후였다.

이렇게 서울 시민은 순식간에 독 안에 든 쥐 신세가 되어버린 채 9월 28일 서울이 탈환되는 날까지 꼬박 3달을 적의 수중에서 온갖 고초를 겪으며 굶주림에 시달려야 했다. 가만히 있으라고 해서 말 잘 듣고 가만히 있는 사람은 사지에 내몰리게 되고 말 안 듣고 잽싸게 떠난 사람들은 일단 죽을 곳에서는 피하게 되었다. 이승만 대통령의 그 방송을 당연히 경무대에서 하는 것으로 알고 철석같이 믿으며 잠자리에 들었는데 그때 대통령은 경무대 아닌 대전의 충청남도 도지사 관사에서 그 방송을 내보내고 있었다니 입이 다물어지지 않는다. 훗날 그 말을 듣고는 하도 어이없고 기가 막혀서 멍할 정도이지 분노로 몸을 떨거나 그런 기분도 아니었다. 슬픔이 극에 달하면 눈물도 나지 않는다는 경우와 비슷한 감정이었던 것 같다.

우리집은 현재 영락교회 선교관(50주년 기념관) 자리로 서울특별시 중구 저동2가 14번지 소재의 적산 가옥이었다. 일제 때 일본인 부자가 지은 대 저택으로 총독 관저 다음으로 잘 지은 집으로 꼽혔다고 한다. 일제 말엽 총독부 농림국장의 관사로 쓰였다고 들었다. 광복 후 아버지가 불하를 받아 정식 절차를 다 거쳐서 아버지 소유가 되었지만 6.25 때 관재국 서류가 불타서 연고자의 신고를 받아 재정리를 할 때 전주로 피난 가 있던 어머니가 날마다 울고만 있느라 그런 신문광고를 접하지 못해 어이없게 우리 손을 떠나 버렸다.

북괴군이 들어와 살펴보니 가장 눈에 띄는 대 저택인지라 신경을 곤두세우고 감시하기 시작했을 건 뻔한 노릇이었다. 아버지는 일단 지하실로 숨고 서울에 안 계신다는 것으로 우선 위장을 하며 지냈다. 우리 집을 지을 때 일본인 부자는 일본의 풍습대로 아들을 한 집 안에서 살되 숙식을 따로 하는 양식의 집을 지었다. 지금 평화방송 앞길에서 남산 쪽을 향해 올라가는 방향에서 왼쪽에 위치한 집인데 큰 대문을 들어서면 왼쪽에 우리 같으면 사랑채나 행랑채라 할 위치에 작은 규모의 독립 주택을 짓고 그 경계선에 옆문을 내고 그 집 뒷문과 우리집 부엌 뒷마당, 즉 다용도 공간을 지나 안으로 들어가면 그 집으로 들어가는 뒷문과 우리집 부엌으로 통하게 연결되어 있었다. 아들의 집이다. 우리 집은 본채로서 대문을 들어서서 주욱 걸어 들어오면 계단이 있고 그 위에 현관이 있었고 현관 옆으로 우리집 넓은 마당에 들어가는 옆문이 있는 구조였다.

마당은 넓은 채마밭이었고 우리 집 안방 마루 건너 창밖에 아름다운 정원이 배치되어 있었다. 대지 450평 집이고 2층인데 전통 일본 양식이며 다다미방에 고다쓰가 있었고 아마 안방과 오빠가 쓰던 방 정도만 온돌로 개조가 되어 있었던 것 같다. 부엌 안에 지하실로 통하는 입구가 바닥에 깔려 있어서 아는 사람 아니면 거기 방공호 수준의 지하실이 있는 것을 찾기 힘든 구조였다. 집 전체에 둘러쳐진 커튼은 검은색 인조 같은 느낌인데 두껍고 2중으로 된 것이어서 그것을 둘러치면 불빛 하나 새어 나가지 못하게 되어 있었다. 일제의 전쟁 대비용이 그대로 남아 있어서 등화관제용으로 만점이라 서울 폭격에 대비한 등화관제 때는 안심하고 지낼 수 있었다. 정원 앞으로는 당시의 영락교회 일부와 중부경찰서가 자리 잡고 있어서 중부경찰서 뒷집이 우리 집이었다.

아버지가 그 집을 불하받을 때 당신 회사의 아끼는 젊은 직원에게 당신이 불하받은 것을 분할하도록 해서 그 직원에게 불하받도록 배려해 주셨다. 입구의 사랑채 격인 집을 나누어 준 것이다. 부모님과 여러 남매의 형제를 부양하는 젊은 직원의 형편을 생각해 당신 몫을 떼어 준 것이다. 소년 사원일 때부터 신임하고 키워서 정규 사원으로 자리 잡게 해 준 청년에게 집 장만이라는 큰 혜택을 받게 하셨으니 그 댁에서는 우리를 은인처럼 대하고 뒷마당도 공동으로 사용함은 물론이고 채마밭도 마음껏 채소를 심어 먹도록 하였다. 그런 사이이니 이런 난리 통에 얼마나 우리에게 마음 놓이는 이웃이었겠는가?

나는 철이 없어서 그 댁에 가서 밥도 많이 먹었다. 여름이면 오이지 하나 물에 썰어 넣은 것 하고 암치포라는 것을 찢어서 접시에 조금 담고 고추장 한 종지 곁들이는 게 그 댁 밥상인데 우리 집 고기반찬보다 그게 더 맛있어서 밥때가 되면 괜히 미적거리고 앉았다가 먹으려느냐고 물으면 반색을 하고 숟가락을 들고 덤볐다. 나는 그때 맨날 아프기만 하고 밥을 안 먹어서 일하는 언니들이 밥그릇을 들고 대문 밖까지 쫓아 나와 한 숟갈만 먹으라고 사정하던 때였다. 어느 날은 싫다고 투정하는 나를 따라 지금의 평화방송 근처까지 따라 내려온 적도 있었다.

집에서는 굴비만 먹어봤지 암치포라는 것은 그 댁에서 처음 먹어봤다. 그 댁의 밥상이 서울 보통 사람들의 그래도 괜찮은 밥상이었음을 나중에 듣고 알았다. 그 댁 따님이 숙명학교 학생이었는데 언니가 없는 터여서 그랬는지 자주 놀러 가서 그 언니 곁에 있으면 괜히 좋았다. 내게 공부 얘기도 하고 여러 가지로 잘해 주었는데 지금 생각하면 얼마나 귀찮았을까 싶어 미안하고 고맙다.

이런 연고로 우리 집은 6.25전쟁 중에 이 댁의 은혜를 많이 입었다. 반장을 맡고 있는 데다 큰 대문 안에 입구 쪽 작은 집이라 큰 집에 달린 집으로 판단되기 십상이다 보니 내무서인지 무언지 부서는 어디인지 어린 내가 알 수 없지만 아무튼 북괴 사람들이 찾아와서 아버지의 행방을 묻고 우리 집에 대해서 꼬치꼬치 묻고 갔노라고 그 댁 아주머니가 어머니께 달려와서 일러 주었다. 저 사람들은 반동들이니 소상히 말하라고 했다는 것이다. 그래서 아주머니는 그 댁이 얼마나 잘 베풀고 없는 사람들 위해서 많이 도와주었는지 모른다고 하니까 고개를 가로저으면서. '아니라, 잘 살펴서 그 집 주인 남자가 집에 오면 바로 알리라.'고 으름장을 놓고 갔다는 것이다.

우리 집에 일하는 사람이 여럿 있었는데 아버지가 금광 개발 사업을 하시느라 살림이 빠듯해져서 어머니가 침모와 찬모를 내보내고 일하는 언니 중에 제일 나이 많은 순이 언니를 전해에 시집보내고 그 자리에 인원 보충을 안 해서 스무 살가량이 된 옥희 언니와 내 또래의 옥례라는 아이가 있었다. 아버지는 지하실에 숨어서 없는 사람으로 돼 있고 2층 방들을 쓰면서 학교 다니던 장정들(사돈총각, 아주 먼 집안사람, 외6촌 오빠)은 어떻게든지 서울을 빠져나가겠다고 바로 떠난 후라 어머니는 아홉 살짜리 어린 것들까지 합쳐봐야 여자 셋만을 데리고 큰 집에 홀로 남게 된 것이다. 그러니 그 댁이 얼마나 의지가 되었겠는가?

그 댁이 식구들이 많고 남자들도 많아서 그 도움으로 아버지는 변장하고 빠져나가 명륜동 산속에 숨어 계셨다고 들었다. 시골 외가에서 가을이면 1년 양식을 여러 가마니 올려 오는데 선거 때문에 김제로 가져갔는지 어쨌는지 알 수 없으나 아무튼 그 해에는 달랑 서 말 쌀 정도밖에 없는데 전쟁이 터졌다. 쌀이 그것밖에 없다고 어머니가 걱정하니까 아버지가 자기 친구 박00댁도 선거 치르느라 정신없어 쌀이 없을 것이고 그 친구는 서울을 떴으니 부인 혼자 힘들 것이라며 1말만 나누어 드리라고 하셨다.

어머니는 하도 기가 막혀 자기 혼자 빠져나가면서 전화 한 통 안 해 주고 간 사람을 무엇이 이쁘다고 내가 위험을 무릅써 가며 그 댁까지 날라다 주란 말이냐며 거절했다. 국회의원 당선자들만 연락해서 데리고 가는데 어떻게 내게 연락할 수 있었겠느냐, 내 대신 수고 좀 해 달라, 안 된다 아침마다 남산 산책을 같이 하고 우리집에 들러 차 마시고 일과를 시작하던 사람이 어떻게 그럴 수가 있느냐, 나는 못한다. 우리 먹기도 모자랄 판인데, 안 된다. 어머니는 완강히 거부했지만 그래도 좀 도와줍시다는 말을 남기고 지하실로 숨어 내려가는 아버지의 뒷모습을 보면서 어머니는 한숨을 짓고 자루를 찾았다.

그 댁이 지금의 남대문 세무서 대각선 건너편 옛날 중앙극장 뒤쪽 골목이었으니 별로 멀지는 않지만 쌀 1말을 운반해 가기에는 먼 거리였다. 어머니는 몸이 약하고 마른 체형인 데다 개미허리였다. 북괴군의 눈을 속이려니 쌀을 자루에 길쭉하게 넣어서 묶은 후 양쪽으로 끈을 만들어 허리에 차고 양다리 사이에 끼워 넣고 걸었다는 것이 아닌가? 부잣집 막내딸로 태어나서 머리에 무엇을 이어 본 적도 없는 여자가 밤에 그런 형상으로 걸으려니 넘어지지 않고 다녀온 것이 기적이었다.

근대가 없었더라면

날이 지나감에 따라 양식이 걱정되기 시작했다. 곧 끝날 줄 알았던 상황이 점점 더 나빠지니 죽을 쑤어 먹을 수밖에 없이 되었고 그것도 동이 나니 죽은 점점 멀개지고 근대 잎사귀도 줄어들게 되었다. 그해 여름에 근대가 없었더라면 아마 서울 사람 다 굶어 죽었을 것이라고 어머니는 회고했다. 근대라는 식물이 워낙 칼로 베고 돌아서면 벌써 자라있을 정도로 표현될 만큼 왕성하게 잎이 자라는 식물이라지만 그해에는 유난히 근대 풍년이 들었다면서 하늘이 도우셨다고들 했다. 어머니는 드디어 농지기를 쌓아둔 삼층장에서 비단 치마꼬리 한 끝씩을 빼 들고 나가 양식과 바꿔오셨다. 그 비싼 비단 한 끝이 쌀 몇 줌과 맞바꿔지는 현실이었다. 내 기억에 그때의 근대죽은 엷은 뜨물 같은 색깔에 근대 잎이 한두 잎 떠다니는 것 같은 모양새였다. 워낙 음식을 잘 안 먹어 속을 썩이던 애여서 그랬는지 나만 많이 주어서 그랬는지 기억나지 않지만 배가 고파 힘들었던 생각은 나지 않는다. 여전히 백일해 기침으로 콜록거리며 어떻게 살았는가 싶었더니 어머니 친구가 제약회사 사장 부인이라 그 댁에서 보관 중이던 마이신을 많이 주었단다. 그걸로 병이 낫고 살았다며 명은 하늘에 있더라고 어머니는 나를 꼭 안아 주시곤 했다.

어머니는 아버지가 무사한 건지 잡수시는 건 어떻게 하는 건지 걱정이 많았지만 어찌 해 볼 수가 없는 형편이어서 매일 불경만 열심히 읽었다. 서울을 점령한 적들은 아이들을 모이라 해서 노래를 가르쳤다. "장-백산 줄기줄기 피어린 자욱, …김일성 장군-" 이 외에도 다른 노래들을 가르쳤는데 그 선생은 낯선 젊은이였다. 언제인지 날은 모르겠으나 김일성이 서울에 온다고 온천지에 김일성 사진으로 도배를 했다. 다녀간 현장이나 행사 같은 것은 보지 못해 모르겠다. 우리나라 전체 지도에 자기들이 진격해 들어가는 대로 빨간색으로 칠해 내려가는 지도를 시내 전체에 붙여 놓고 날마다 빨간 색칠을 해 가는데 부산 쪽만 남아서 정말 새끼손톱만큼만 하얗게 남아 있는 지도가 지금도 눈에 선하다. 어른들은 노력 봉사하라며 불러내고 밤이면 등화관제 하라고 난리고 거의 매일이다시피 반장 댁에 다 모이라 해 놓고 자아비판을 시키고 전세가 승전 일로라며 곧 전쟁이 끝난다고, 완전히 해방시킨다고 미제는 쫓겨가고 있다고 선전을 해댔다.

어느 날은 우리 동네에서 불빛이 새어나가서 적에게 신호를 주어 적이 폭격하기 좋게 도왔다면서 누군지 빨리 고백하고 자아비판 하라고 다그쳤다. 어머니 무릎을 베고 뒤로 숨어 누워 있다가 그 성화 소리도 아랑곳 않고 잠이 들었으니 철부지는 철부지였다. 서울시청이 밤이면 불바다처럼 보이는데 나중에 알고 보니 인천상륙작전으로 조명탄을 쏘아 올린 것이라는데 마치 눈앞의 서울시청이 불타는 줄 알았다.

날마다 여성동맹에 나오라며 어머니를 찾던 여자들이 하루는 오늘도 안 나오면 가만두지 않겠다며 몇 시까지 중앙극장으로 오라고 으름장을 놓고 갔다. 어머니는 오시레에 숨고 남원 할머니가 대신 욕을 먹으며 대꾸해서 보냈다. 도대체 여성동맹이 무엇 하는 곳이기에 저렇게 날마다 오라 하고 어머니는 숨는 것인지 궁금했던가 보다. 그들이 말한 시간에 중앙극장에 가서 빼꼼히 문을 열어보니 휘황하게 밝은 실내에 가득 앉은 사람들을 향해 어떤 여자가 소리 높여 연설을 하고 있었다. 물 끼얹은 듯 조용하고 불이 어찌나 밝던지 누가 와서 내 머리를 낚아챌 것 같아 냉큼 문을 닫고 다리야 날 살려라 하고 집으로 뛰었다. 시답잖은 호기심은 아마도 천성이었던 모양이다.

어느 날 나가보니 아이들이 보이지 않는다. 이상해서 혼자 돌아다니다가 집에 들어와 해질녘에 나가니까 아이들이 여럿이서 함께 오는데 손에 바구니가 하나씩 들려져 있었다. 왜 너희들끼리만 어디 갔다 오는 거냐고 따지듯이 묻는 내게 숙이가 나서더니 너는 부자잖아? 하는 것이었다. 영문을 몰라 어리둥절한데 영이가 설명했다. 한 푼이라도 벌어서 양식을 보태려고 어른들 따라서 자문 밖에 나가 자두를 받아다가 팔고 오는 길이라는 것이다. 자문 밖이 어디며 거기가 왜 자두를 받아오는 데냐니까 전체가 자두나무만 보이는 과수원 같은 곳이라고 했다. 전부 자두만 보인다니 궁금해서 살 수가 없다.

내일은 꼭 나를 데리고 가야 한다고 했더니 너 또 거기 갔다 와서 아프다고 하면 우리만 혼나니까 오지 말라고 했다. 새벽에 일찍 간다는 말만 몇 번이나 확인하고 집에 왔다. 어머니에게 가게 해 달라고 했더니 남원 할머니에게 저 애 내일 꼼짝 못하게 잘 지키라고 엄명했다. 이튿날 아침 할머니보다 내가 일찍 일어나려고 잠을 다 설칠 지경이었는데 눈을 뜨니 해가 중천에 걸려 있었다. 여러 날 시도했으나 번번이 실패하고 공연히 낮에도 집에만 갇혀 있게 되었다. 남원 할머니의 감시는 철옹성이었다.

할 수 없이 포기하기로 항복하고 나 혼자 나가서 길을 여기저기 쏘다녔다. 지금의 명보극장 앞을 지나 화원시장까지도 헤매다 들어오기도 했다. 공습경보가 울리면 처마 밑으로 다 숨어들어 한산한 길은 그나마 순식간에 텅 비어 버린다. 어느 날은 비행기가 지나가는데 보고 싶어서 길로 나와 하늘을 빤히 올려다보기도 했다. 정찰 비행이었기 망정이지 큰일 날 뻔한 순간이기도 했다. 하지만 아마도 비행기 안의 조종사가 저 꼬마는 겁도 없는 아이구나, 아니면 저 애도 꽤 개구쟁이인가보다 했을지도 모른다. 시체들이 널브러져 있는 길을 겁도 없이 어떻게 그러고 다녔는지 모를 일이다. 그렇게 궁금했던 자문 밖이라는 데를 처음 간 것이 스물이 넘은 후인데 그때는 이미 그곳은 자두밭이 아니었다. 지금의 부암동 세검정 일대이다. 동네에서 놀다가 내무서원인지 군인인지 카키색 옷을 입은 남자가 내 가랑머리 땋은 것을 잡아당기며 이 반동분자놈의 에미나이레 하면서 노려보는 눈초리가 어찌나 무섭던지 주저앉을 뻔했던 기억이 자꾸 떠올라 다른 동네 거리고 돌아다녔던 것 같다. 나는 그때 그 옷 색깔이 무서워서 지금도 그 색이 싫다.

인민군 소년 병사

지금의 삼일대로가 거의 명동성당 땅이었다. 길을 크게 낼 때

성당의 기증으로 오늘의 삼일대로가 만들어질 수 있었다. 옛 중앙극장 앞 공터를 조금 빼고는 전체가 성당 땅인데 문으로 닫혀 있지만 전쟁 나기 전에는 마음대로 드나들어서 그리로 해서 성당에 들어가 명동성당이 우리들 놀이터였다. 거기엔 여러 가지 식물이 많이 있었지만 우리의 관심사는 까마중이었다.

그때 우리는 먹꽈리라 부르면서 여름이면 신나게 따먹었는데 북괴군들이 문을 닫아걸고 못 들어가게 하니 속이 상했다. 보초가 서서 지키는데 어느 날은 우락부락한 어른이 서고 어느 날은 아주 어린 병사가 서 있었다. 며칠을 살펴보다가 우리는 어린 병사가 보초서는 날을 거사(?) 날로 잡았다. 우리보다 별로 많지 않을 것 같은 나이로 보여서 덤벼보기로 했다. 아무리 보아도 열대여섯 정도 될까 말까 해 보였으니 북괴가 소년병까지 총알받이 삼은 게 사실이었다고 본다.

우선 우리를 들여보내 달라고 사정을 해 보기로 하고 그 일을 누가 맡을 것인가를 상의했다. 아무도 그 말을 하러 가지 않겠다는 것이다. 모두들 나를 가리키며 네가 말 잘하니까 갔다 오라는 것이었다. 나이보다 키가 훌쩍 큰 나는 얼핏 보기에 그 병사와 키도 엇비슷해 보일 정도였다. 잡혀갈까 봐 겁이 나기도 했지만 먹꽈리 맛이 그리워 해 보기로 했다. 천천히 다가서는 나를 보고 막아설 태세가 아니라 무슨 일이냐는 표정으로 지그시 쳐다보기만 했다. 용기를 내서 '저어, 우리 여기 잠깐만 들어가게 해 주면 먹꽈리, 저기 저것 한 움큼씩만 따 갖고 나올 테니 들어가게 해 달라.'고 사정했다. 깜짝 놀라며 한 발짝 앞으로 선뜻 나서더니 손을 앞으로 내밀며 어서 가라고 큰일 난다고 눈을 부릅떴다. 우리 다른 짓 안 하고 저것만 조금 따 갖고 나온다고 같은 말을 되풀이하며 다가섰더니, 여기 이러고 있다가 들키면 너희들 정말 큰일 나니까 어서 가라, 내일 내가 따 갖고 나올 테니 너 혼자서만 오라고 했다. 다음날 갔더니 빈손으로 서 있어서 실망했다. 시무룩한 나를 보더니 장난스럽게 빙긋 웃었다.

주머니에서 먹꽈리를 꺼내 건네주는 표정이 얼마나 흐뭇해 보이는지 지금도 눈에 선하다. 그때 그곳에는 적도 아도 없고 오직 소년들이 있을 뿐이었다. 그리고도 몇 번 더 우리에게 그 선물을 계속 날라다 주었는데 어느 날부터 보이지 않았다. 아마도 낙동강 전투에 차출 당해 서울을 떴는지도 모른다. 그리고 그 길이 바로 황천길이었을지도 역시 모른다. 자기 조카들이 우리만 해서 조카 생각이 나서 심부름해 준다고 하던 그 소년은 우리와 똑같은 착하고 철없는 아이였다.

1950년 7월인가 8월인가의 대한민국 서울 한복판에서 있었던 한 장의 고운 그림엽서이다. 전쟁은 볶아치고 어른들은 식량 한 줌에 목숨을 걸던 때 아이들은 여전히 아이 이상도 이하도 아닌 그저 아이들이었다. 훗날 영화 「금지된 장난」을 보면서 그 어린 아이에 내가 겹쳐 지나갔다.

아버지의 납북으로 풍비박산, 행복 끝

매일 여성동맹에 나오라며 어머니를 찾고 옥희 언니는 의용군에 가겠다며 짐을 싸기 시작했다. 여성동맹 사람들이라는 여자들이 한 떼로 몰려와서 우리집 장롱 속은 물론이고 오시레 구석구석을 다 뒤지고 광까지 뒤져서 이불 보따리용 커다란 주머니(후꾸로)에 집채만 한 보따리를 꾸리고 또 꾸렸다. 광목 같은 것들을 필째로 싸고 이불들도 쌌다. 솜도 전쟁 중에 필요한 물자라면서 묶었다. 어머니 삼층장 가득 들어 있던 비단, 어머니의 농지기는 도륙이 났다. 옥희는 우리 집에 마루 밑이 온통 쌀이라고 거짓 신고를 해서 우리 집을 북괴가 쳐들어와 다 뒤지고 한바탕 소동을 벌이고는 며칠 후 어머니에게 의용군 가겠노라 통보했다. 저를 떠나보낼 준비를 해 달라고 난리를 피우더니 그예 일을 저지르고 만 것이다. 집채만 한 보따리를 몇 개씩 싸서 머리에 이고 나가는데 사람이 짜부라들 것 같아 위태로워 보일 지경의 짐들이었다. 그 옥희도 아마 낙동강의 이슬이 되었을 것이라는 게 어른들의 말이었다.

예전에 아버지 남원 군수 시절 우리 집에서 일하던 남원 할머니가 전쟁이 나자 살고 있던 조카 집을 나와서 우리 집에 오셨다. 어머니가 걱정되어 조카에게 양해를 구하고 왔다는 것이다. 말이 일 도와주는 할머니이지 마치 우리 엄마를 딸처럼 아끼고 위했다. 그분 덕택에 여성동맹에 끌려가지 않고 엄마가 잘 피신할 수 있었고 훗날 우리에게 소개 가라고 난리 칠 때도 모면할 수 있었다.

어느 날 오후 해거름 전 대략 4~5시 경이었던 것 같은데 고향 사람들이라고 두세 명의 남자들이 왔다. 고향 사람이라는 말에 집안에 들였다. 아버지의 안부를 묻고 걱정되어 들렀노라며 묵어 가고 싶어 하는 눈치였다. 어머니가 어른도 안 계시고 대접할 것도 아무것도 없다며 은근히 거부의 뜻을 비쳤다. 별 탈 없이 그냥들 돌아갔는데 바로 며칠 후 아버지의 납북이 이루어지고 난 후에는 그날의 일이 어머니 마음에 가시 되어 걸리는 것 같았다.

아침에 주변이 소요스러운 것 같은 분위기에서 눈을 뜨니 아수라장이었다. 어젯밤 보고 싶어 왔노라는 아버지의 품에 안겨 잠이 들었는데 아버지는 방 한구석에 서 계시고 어머니는 벌벌 떨고 있는데 아버지는 모시 고의적삼 차림에 손에 수갑이 채워지고 팔에 포승줄이 묶여 있었다. 방 가운데는 내무서원이라는 사람이 총을 든 채 서서 여러 명의 그런 옷 입은 사람들을 지휘하고 있었다. 카키색 옷을 입은 그들은 우리 집을 구석구석 뒤지고 있는 중이었다. 소위 가택수색을 하고 있었던 것이었다.

돌돌 말린 태극기가 나올 때마다 발광하던 그 남자는 불경과 염주가 받쳐진 작은 상을 보더니 발광하며 내던지고 사자 같이 울부짖었다. 반동, 반동, 해 가면서 구둣발로 짓밟고 내던졌다. 왜 이만한 집에 피아노 하나도 없느냐, 왜 이렇게 아무것도 없느냐 해 가며 먼지 한 톨까지도 다 긁어 낼 정도로 온 집안을 이 잡듯이 뒤졌다. 아마도 금광집인데 왜 금이 없느냐는 뜻이었던 것 아닌가 하는 것이 지금의 내 생각이다. 새벽 4시도 되기 전에 들이닥쳐 정오가 되어 갈 때까지 뒤졌으니 빈대까지도 다 잡고 남았을 시간이었다.

부하들에게 이제 가자고 하며 아버지를 몰아세우자, 어머니가 죽 한 모금만 먹고 가게 해 달라고 사정했다. 아니꼽게 쏘아보더니 그러라고 고개를 끄덕였다. 어머니는 하얀 대접에 멀건 근대죽을 담아 들고 와서 아버지 앞에 섰다. 그릇을 받쳐 든 손을 수갑 찬 아버지 손 앞에 대며 풀어줘야 먹을 것 아니냐는 애처로운 눈으로 그 남자를 쳐다봤다. 그는 거만하게 내려다보면서 "믹이오." 하는 한마디만 던졌다. 어머니는 할 수 없이 아버지의 묶인 두 손 사이로 그 대접을 들이밀어 붙잡게 하려고 안간힘을 썼으나 그 넓이가 되지 않았다. 아버지는 어머니가 너무 애처로워 보였던지 허리를 굽혀 어머니가 받쳐 든 대접에 자신의 몸으로 다가가려 했다. 그 시도조차 여의치 않아 재차 구부리는데 어머니를 밀치며 라디오를 이고 따라오라 했다. 아마도 전날 밤 새벽에 아버지 나가실 때 드리려고 쑤어 놓았을 그 근대죽은 어머니 한을 녹인 죽사발이 되고 말았다. 어머니는 그 일로 평생 근대를 입에 대지 않고 이승을 떴다.

자신의 부하들이 여럿인데 굳이 어머니에게 이고 따라오라는 것은 반동들에게 수모를 안겨주겠다는 속셈이 아니고 무엇이겠는가? 우리 집이 중부경찰서 뒷집인데 길은 한 바퀴를 돌아야 가는, 꽤 걸어야 하는 거리였다. 어머니는 묶여가는 아버지 뒤를 따라 큼지막한 제니스 라디오를 머리에 이고 휘청휘청 걸어서 그들이 내무서로 쓰는 중부경찰서 앞에까지 갔다. 아버지를 따라 들어가려 하니 따발총으로 막으며 머리에서 라디오만 낚아채듯이 내리고 밖으로 밀어내서 아버지의 뒷모습만 쳐다보다가 돌아서 와야 했다. 1950년 9월 4일 정오 무렵 우리 아버지(오해건)는 이렇게 역사 속으로 사라졌다. 전날 밤 10시경인가에 우리가 너무 보고 싶어 견딜 수가 없고 걱정이 되어 잠깐 보고 가려고 숨어들었다가 변을 당한 것이다. 얼굴만 보고 바로 나가겠다고 왔는데 막상 보니 하룻밤 자고 새벽에 일찍 가면 마찬가지일 것 같아 몸을 눕힌 것이 화근이 될 줄 누가 알았으랴.

9.28 수복 후 경찰의 조사 결과 우리 집에서 먹고 자며 서울법대에 다니던 아주 먼 집안사람이 그들 세상이 오래 갈 것으로 오판하고 저지른 일의 전말이 밝혀졌다. 아버지를 고발하고 그날도 잠입하는 아버지를 확인하고 알려 주어서 새벽에 덮치게 했다는 것이었다. 경찰은 그를 즉각 구속했으나 오빠가 그 어머니의 외아들 살려달라는 읍소를 받아들여 석방을 탄원했다. 모두가 민족의 비극이다, 그를 처벌한다고 우리 아버지가 살아 돌아오실 것도 아닌데 풀어 주라는 탄원이었다. 피해자 가족의 절절한 부탁에 경찰은 감동하며 풀어 주었다. 후에서야 그 얘기를 전해들은 어머니는 기가 막혀 했지만 이미 상황은 끝난 후였다. 그 사람은 대한민국의 중고등학교 학교장까지 하고 세상을 떴다. 나는 이를 갈았지만 지금 생각하면 오빠가 잘한 일이다. 생사람 앞길

하나 막았다고 무엇이 달라지겠는가 말이다. 하지만 나는 교육자로 둘 수는 없다 싶어서 어머니가 돌아가시는 날 장례고 뭐고 다 그만두고 그 사람 학교에 찾아가 그를 만천하에 고발해야겠다는 생각뿐이었지만 오빠가 그의 행방에 대해 내게 알리지 못하도록 강력 조치해 놓은 덕에 그 학교를 몰라 포기했다.

아버지는 영 돌아오지 못하고 9월 28일 서울은 수복되었다.

모두들 살아서 돌아오는데

우리는 아버지를 잡아간 그들에게 바로 집을 비워주고 쫓겨났다. 인민위원회로 쓴다는 것이었다. 두어 집 건너에 아주 작은, 장난감 같은 집으로, 그것도 방 하나만 쓰도록 쫓겨났다. 손수건만 한 마당이 있는 그 집 방 한 칸에 쫓겨났지만 아버지 보고 싶은 생각 외에는 아무 생각도 없었다. 날이면 날마다 소개하라고 으르고 갔다. 남원 할머니가 우리 마님이 없어 나는 모르는 일이라고 대답하면 마님이 무슨 마님이요, 그런 반동적 말을 쓰지 마시오, 하면서 눈을 부라리고 동무는 …해 가면서 부당함을 알리고 당신이야말로 공화국의 좋은 동무임을 각인시키고 가곤 했다. 그 남원 할머니 덕에 소개를 면했지 하마터면 이북으로 우리 식구 몽땅 끌려갈 뻔했다. 생각만 해도 모골이 송연해지는 일이다.

9월 18일쯤인 것 같은데 정확히 며칠인지는 기억이 나지 않는다. 그날은 마침 어머니가 집에 계셨는데 웬 낯선 아저씨가 아버지를 찾았다. 어머니는 아버지에게 해가 될까 봐 저어, 저어, 그 어른은 해 가며 말끝을 흐리고 있는데 그 아저씨는 "예에 걱정 안 하셔도 됩니다. 저는 서대문 형무소에서 오 선생님과 한 방에 있었습니다. 나가서 만나자고 했는데 며칠 전에 오 선생님이 불려 나가신 후 안 돌아오셔서 먼저 나가신 줄 알고 안심했고, 저는 며칠 전에 나왔는데 몸이 좀 아파서 오늘에야 뵈러 왔습니다. 양00이라고 하십시오"라고 말하며 안을 살폈다. 어머니는 말을 잃었고 이내 그 아저씨는 어쩔 줄 몰라 하며 서둘러 발길을 돌렸다. 9월 4일 아버지가 잡혀가신 후 날마다 아버지의 행방이라도 알겠다며 밤낮없이 헤매고 다니던 어머니가 처음 들은 아버지의 소식은 이날의 이 대화가 처음이었고 그 후 어머니가 세상을 버릴 때까지, 아니 지금까지 최후의 것이다.

인천상륙작전의 성공으로 서울을 다시 찾고 모두들 살아 돌아왔다. 아버지 말고는 다들 돌아온 것만 같았다. 얼굴이 하얗게 신 사람들이 마루 밑에서 지하실에서 산속에서 광명을 다시 찾고 나왔다. 남편이 잡혀가던 날보다 9월 28일이 더 기가 막혔다는 어머니의 회고는 핏빛이었다. 우리 집 앞으로는 남산 쪽에서 을지로 쪽을 향해 군인들이 떼로 지나가고 건너편 명동성당에서는 고아원 아이들인지 많은 아이들과 사람들이 태극기를 손에 들고 만세를 불렀다. 서울 시내는 환희로 넘쳐났다. 그날 밤 도망가면서 적들이 을지로 일대에 불을 질러 시내가 불에 탔다.

동네에 나가 놀고 있는데 흑인 병사들이 지프차에 타고 지나가면서 우리들에게 초콜릿과 과자 등을 던져 주었다. 아이들과 한 덩어리가 되어 차를 따라 뛰다 보니 한 병사가 카메라를 들이대고 우리를 찍는 것 아닌가? 나는 기겁을 해서 얼굴을 묻고 도망쳐 나왔다. 나야 초콜릿을 밥 먹듯이 먹었으니 그럴 수 있었는지는 모르지만 어린 마음에도 수치심이라는 게 발동했던 것 같다. 나는 지금도 6.25 관련 사진이 나오면 혹시 그때 내 얼굴이 찍혀 있지 않나 싶어 살펴보는 트라우마가 있다.

학교는 다시 열렸으나 내가 다니던 교동초등학교는 유엔군이 사용하게 되어 우리는 길 건너편 천도교 교당 앞마당을 교실로 썼다. 교실이 없어도 좋았고 햇빛에 글씨가 초록색으로 보여도 좋았다. 그나마 얼마 못 가서 다시 피난 짐을 꾸리고 정부가 서울을 다시 내주게 된다.

어머니는 납치당한 분들의 다른 가족들과 함께 매일 새벽이면 집을 나가 시체를 찾으러 다녔다. 혹시 어딘가에서 학살을 당했으면 시신이라도 수습하겠다는 것이 유족들의 애타는 심정이었다. 문산, 의정부, 동두천, 등의 지명은 그때 처음 들었고 지금도 그곳 이름은 가슴을 섬뜩하게 한다. 아무 곳에서도 흔적을 찾을 수 없었기에 가장을 죽이지는 않았나보다는 한 가닥 희망을 강하게 품고 북녘 하늘 바라기가 되어갔다.

우리가 걱정이 된 오빠가 고향에서 올라왔다. 어머니는 아버지 시체 찾으러 가서 없고 나는 놀러 나갔다는 남원 할머니 말에 오빠는 명동 쪽으로 살펴볼 겸 슬슬 걸어 나오다가 소스라치게 놀라는 일이 생겼다. 명동성당 정문 건너편에서 아이가 볶은 콩을 팔고 있는데 아무리 보아도 나 같이 생겨서 눈을 씻고 다시 보았더니 내가 소주잔에다가 볶은 콩을 하나씩 담아서 지나가는 사람들에게 콩 사세요를 외치고 있더라는 것 아닌가? 너무 기가 막혀 한참을 쳐다보다가 다가가서 껴안고 한참을 울었다. 사연을 물으니 친구가 콩을 팔아서 양식을 보태는데 팔아보고 싶어서 사정해 갖고 대신 팔아주고 있다는 내 말에 어이없기도 하고 억장이 무너지기도 해서 한동안을 안고 서 있었단다. 고향에서 아버지 선거일을 돕다가 정리하고 있던 오빠가 서울이 수복되자마자 우리를 데려가려고 상경했던 것 같다. 어머니가 내려간다 했을 리 없고 이제 북진통일이 곧 될 것 같은 분위기이기도 해서 오빠는 옥례만 데리고 내려갔다. 나와 나이 차이가 많아 아버지 같은 오빠 덕에 아버지 없이도 나는 대학까지 졸업하고 오늘에 이르렀다. 마음씨 착한 새언니와 오빠의 5남매에 내가 얹혀 그분들은 6남매를 기른 셈이다.

우리 집에는 6.25 때 집이 불탄 아버지 친구댁과 어머니 후배 아주머니네 식구들이 옮겨 와서 함께 지냈다. 집이 워낙 넓으니까 아버지 친구댁은 2층을 쓰고 아래층 오빠 방 쪽은 어머니 후배 가족이 써도 충분했다. 여러 형제들이 있는 집인데 모두 다 내 동갑내기 남자애들이 있었다. 어린애니까 어머니야 피를 토하고 다니건 말건 그저 아이들과 정신없이 놀 때는 놀았다. 숙제도 없었는지 어쨌는지 잘 모르겠는데 아무튼 우리는 신나게 놀았다. 지금의 충무로 쪽으로 나가서 무너진 집의 건물 잔해 속에서 타일 벽의 조각들을 주워서 그 타일에 묻은 시멘트를 갉아내서 깨끗한 타일로 만들어 서로 누가 많이 했나 내기도 하고 가져다 쌓아 놓았다. 언제부턴가 길 가운데 흙가마니 같은 것을 쌓아서 동그랗게 만들고 그 안에 군인이 들어가 서 있었다. 그것이 참호인지를 알 바 없고 무엇을 하기 위한 것인지도 모르는 우리 철부지들인지라 군인한테 가서 우리 거기 한 번 들어가면 안 되느냐고 했다. 그것도 먹꽈리처럼 내가 앞장을 섰던 것 같다. 집안에서는 넓은 집안을 운동장처럼 뛰어다니며 짓궂게 놀았다. 그러다가 저녁이 되면 그 아버지들이 돌아오는데 아빠아 하면서 뛰어나가는 아이들을 보며 얼마나 처량하고 부러웠던지 지금도 그 생각만 하면 눈시울이 붉어진다. 아마도 뗏장 얹기 전에는 못 잊을 모양이다. 거기는 건망증도 없다.

고개를 외로 꼬고 눈물을 삼키고 방으로 들어가려다 어머니가 보이면 얼른 눈물을 훔치고 잔뜩 장난스럽게 웃으며 어머니 치마꼬리에 매달렸다. 이렇게 어릿광대가 되는 노릇을 어머니가 세상을 버릴 때까지 계속해야 하는 것이 내가 할 수 있는 유일한 효도(?)였다. 6.25날은 그 당시 사진들이 신문에 실리니까, 현충일에는 소복하고 국립묘지에 헌화하며 우는 미망인을 부러워하는 어머니가 가엾어서, 납북 어부가 풀려 돌아온 날에는 어머니 가슴이 더 아플 것 같아서 새벽에 일어나 신문을 감추고 라디오 코드를 뽑아 고장 났다 속이는 어설픈 연기는 어머니가 서러운 목숨을 이어가는 세월 동안 19년을 이어갔다. 그래도 아버지는 돌아오지 못하고 일점 소식 한 톨 날아오지 않았다. 어머니 발치를 지키던 밥멍덕의 찬밥만 해도 수십 가마가 될 것이다.

다시 남으로

전세가 어려워져서 11월쯤에서부터는 서울에서 짐을 싸서 남으로 가는 사람들이 생겼던 모양이다. 외할머니가 트럭 2대인지 3대인지를 빌려서 끌고 올라오셨다. 외숙과 우리를 데리고 내려가실 작정이었다. 외숙은 준비를 하는데 어머니는 셋이 살러 왔다가 둘이 되어 내려갈 수는 없다, 서울을 지키다가 남편을 만날 것이고 안 오면 찾아서 북으로 가겠다며 요지부동이었다. 할 수 없이 보름쯤 어머니를 설득하다 실패한 외할머니가 외숙 댁만 데리고 내려가셨다.

12월 하순이 되어 그믐이 가까워지는 어느 날 서울을 떠나라는 정부 방침이 내려왔던 모양이다. 어머니는 아무것도 모른 채 그날도 아버지를 찾으러인지 아니면 집에 가만히 있을 수가 없어 서울 어딘가를 헤매고 다녔는지는 모르겠지만 힘이 빠져 집으로 돌아오는데 사람들이 짐수레를 타고 부지런히들 움직이는 것 같아 이상해서 물었단다. 그랬더니 피난 가라고 해서 그런다는 대답을 듣게 되고 반장을 통해서 연락이 된 지 며칠 되었다는 소리를 듣게 되었다. 순간 어머니는 배신감에 치가 떨렸다고 했다. 세상에 이럴 수가 있나, 사람 하나 없어졌다고 아니 내게 이럴 수가 있단 말인가? 얼마나 사람을 우습게 봤으면 피난 가라는 연락조차 안 해 주다니 이럴 수가 있나 싶어 허둥지둥 집으로 달려와서 그 댁에 들어가 울면서 세상에 이럴 수가 있느냐, 내게 이럴 수가 있단 말이냐, 하고 울부짖었다. 그 아주머니가 어머니를 달래며 경위를 얘기했다. 피난을 권유하라고 연락이 와서 반원들에게 집집이 연락을 했는데 우리 집을 어떻게 할 것인가 온 식구가 상의한 결과 먼저 친정어머니가 차를 갖고 올라왔을 때도 안 간 분이 지금이라고 가시겠느냐? 속만 뒤집어 놓는 일일 수 있으니 연락하지 말자고 했다는 것이었다. 어머니의 오해는 그래도 풀리지 않고 괘씸한 노릇이라며 어떻게든지 살아남아야겠다는 오기가 생기더란다.

그길로 아버지 친구댁을 찾았다. 쌀 1말을 갖다 드렸던 그 댁이다. 피난민을 짐과 함께 태워주는 일을 하고 있기 때문이었다. 돈을 주고도 차를 빌리기가 하늘에 별 따기인데 어머니에게는 돈도 없었기 때문이기도 했고 당연히 도움을 받을 수 있으리라 믿고 찾아간 것이다. 부르는 게 값인 그런 사업을 할 수 있는 사람은 돈도 있어야 했고 세칭 백이라는 것도 있어야 할 때였다. 그 댁에 갔더니 마침 아버지 친구가 마당에 나와 있어서 인사하고 사연을 말했더니 줄 서 있는 사람들에게 차 빌려주는 일을 하고 있는 아들 쪽을 턱으로 가리키며 저애가 하는 일이니 그리로 가 보라고 하고는 안으로 들어가 버리더란다. 당연히 안으로 들어오라 하고 대접해 줄 줄 알았는데 어이없는 일을 당한 어머니는 그길로 돌아서 나오는데 하늘이 도는 것 같았다고 회고했다. 그 친구분은 그냥 친구 사이만이 아니라 아버지가 금광을 개발해서 임원으로 초빙해 함께 일하다가 2대 국회의원으로 당선된 분이다. 어머니는 그 길로 다른 친구분을 찾아가서 기차 편을 구했다.

1.4 후퇴 마지막 열차를 타고

어머니가 찾아간 아버지 친구분은 체신부에 계셨는데 체신부의 마지막 남행열차에 탈 수 있도록 주선해 주었다. 통신을 담당한 열차였는데 체신부의 고위간부들 가족들을 함께 태우고 부산으로 가는 열차였다. 우리를 안내하고 중간에 역할을 맡은 분을 소개해 주어서 그분의 안내로 기차를 탔다. 피난 짐을 꾸리고 며칠 동안 먹을 음식을 만들고 비상식량을 쌌다. 어차피 다 두고 떠나야 하는 마당이니 아버지의 강원도 산판에서 가져온 토종꿀들을 다 넣고 찰밥을 큰 시루에 하나 가득 쪄서 여러 덩어리로 만들어 쌌다. 같이 탄 가족들에게도 대접하겠다는 어머니 배려였다. 차를 타고 가는 길이니까 싱거 미싱(재봉틀)도 싸고 옷들도 싸고 해서 꽤 큰 보따리를 만들어 짐마차에 싣고 용산역으로 향했다. 나는 동화책과 아버지와 남산 산책길에 아버지가 집어 준 작은 계란돌 하나를 몰래 짐 속에 넣었다. 남원 할머니가 짐 된다고 내가 책을 싸 놓으면 꺼내서 팽개치고 했기 때문에 숨겼다가 전날 밤 몰래 집어넣었다.

길이 얼어서 미끄러워 나는 한 발짝도 못 떼고 울상이 되어 어머니만 쳐다보았다. 할 수 없이 나를 짐 보따리 위에 앉히고

밧줄로 고정시킨 후 언덕을 천천히 굴러 내려갔다. 다시 와 볼 수 없을 집인 줄 그때는 모르고 차를 탈 수 있는 것만 다행이라 생각하고 황급히 떠나 나왔다. 그것이 마지막인 것을… 아버지가 애지중지 모으신 서화와 골동품 그리고 엄청난 장서들도 고스란히 우리와 영이별을 한순간이기도 했다. 청전, 이제, 이당, 남농 등은 아버지가 친구분들과 서화를 놓고 담소 나누시는 소리를 들어 익숙했던 이름이었다.

용산우체국 앞에서 안내할 분을 만나기로 해서 기다리는데 영 오지를 않으니 어머니가 남원 할머니와 나를 남겨 놓고 그 아저씨를 찾아서 용산역 쪽으로 갔다. 어머니가 아직 오지 않았는데 그 아저씨가 와서 늦었다며 빨리 가자고 해서 우리는 따라갔다. 어머니는 그 아저씨를 찾을 수 없자 서둘러 와 보니 우리가 감쪽같이 없어져 버렸더란다. 어린 것과 늙은이를 어디다 갖다 버리고 짐을 뺏어 갔다는 생각이 들어서 애도 잃었으니 나도 죽자고 생각하고 한강 쪽으로 발길을 옮기는데 벽력같이 소리를 질러 돌아보니 남원 할머니가 어디를 쏘다니느냐며 팔을 낚아채서 용산역 쪽으로 뛰어갔다. 이렇게 나는 고아가 될 뻔한 위기를 넘기고 피난 열차에 몸을 실었다.

그렇게 숨 막힐 정도로 급박한 상황을 겪어가며 차에 탔는데 밤이 되어도 차는 떠날 생각을 안 한다. 차 안은 전깃불이 아주 밝고 따뜻하고 예상을 뛰어넘어 쾌적했다. 여러 집 사람들이 함께 탔지만 잠자리가 충분했고 모두들 조용했다. 집이나 다름없이 불편하지 않은 데 가질 않으니 무서웠다. 대포 소리가 꽝꽝 울리는데 꼼짝을 않으니 금세 쫓아올 것만 같았다. 마지막 통신 연락차여서 전황이 아주 급박하게 나빠야 떠난다는 것이다. 하루를 그렇게 지냈는지 어쨌는지 정확히 기억할 수는 없지만 공포에 떨다가 겨우 안양역에 와서 멈춘 열차는 또 꼼짝을 안 하고 며칠을 보냈다. 가져온 찰밥들을 나누어 먹고 다른 집들이 가져온 것들도 나누어 먹으며 몸은 편안히 지냈다.

우리를 안내한 아저씨가 오더니 어머니에게 주소 적은 것을 건네주었다. 유엔군이 자신들 차의 화통이 고장 나서 이 차의 것을 떼어가는 바람에 갈 수 없이 되었으니 다 내려서 걸어가야 한다는 것이었다. 자기들은 차 지붕에 싣고 온 비상용 자전거로 내려가야 하니 이 주소지에 가서 일단 쉬었다가 우리 목적지 전주로 내려가라는 것이었다. 자기 누님 집인데 천안이라고 했다. 모두 다 그렇게 비상조치를 해서 차에서 내렸다. 떠난 사람들도 있고 아직 남은 사람들도 있었다. 어머니는 어차피 어린 것을 데리고 걸어갈 수도 없으니 우선 차 안에서 추위를 피하며 차를 알아보아야겠다고 남았다. 하늘이 도왔던지 이튿날인가 쯤에 화통을 달아 주어서 차가 다시 움직였다. 그 후에도 한 발 앞으로 가는가 싶으면 두 발 뒤로 가는 것 같을 정도로 애를 태우면서 거북이걸음으로 조금씩 남하하고 있었다.

평택역에 차가 멎어서 움직일 줄 모르는데 어떤 부인이 체신부 사람들에게 물었다. 한참 서 있을 거면 우리가 마을에 들어가 음식을 좀 구해 갖고 와야겠는데 괜찮겠냐는 것이었다. 당장은 안 떠날 거니까 다녀오라 했다. 각자 되도록 큰 그릇들을 하나씩 들고 동네로 들어갔다. 반찬을 얻으러 가는 길이었다. 그런데 동네를 다 돌아도 모두 다 피난 가고 텅 빈 동네가 아닌가? 할 수 없이 한 부인이 말했다. 어쩔 수 없으니 각자 집에 들어가 반찬을 찾아 먹을 만큼만 잘 담아 갖고 나오자는 것이었다. 어머니와 나도 어느 집에 들어갔다. 남의 부엌에 들어가기는 너무 한 것 같아 마당의 묻은 김칫독에서 김치만 조금 담아 가기로 했다. 어머니는 가마니를 젖히고 김칫독을 열다가 주춤 물러섰다. 얌전하게 담아서 꼭꼭 눌러 놓은 김장독에 차마 손을 대기가 어려웠던 것이다. 헐어서 먹던 김칫독이었으면 훨씬 마음이 편했을 것 같았다고 어머니는 회고했다. 김치를 퍼 담아 들고 나와 보니 모두들 김치와 반찬들을 들고 멋쩍은 표정으로 차에 올랐다. 그날 대문을 나오면서 미안합니다라고 말한 것 외에 어떤 방법으로도 그 댁에 감사를 전해보지 못했다. 이순을 넘긴 어느 날 평택역 앞을 골목마다 돌아보며 반나절을 걸어도 어디가 어딘지 기억이 나지 않아 골목에 대고 고마웠습니다, 미안했습니다를 되뇌이고 돌아섰다.

이런 우여곡절을 겪으면서 대전역에 내린 것이 서울 떠난 지 15일 만이었다. 애간장은 탔지만 몸은 편안한 피난길이었으니 얼마나 감사한 일인가? 경부선을 달려야 하는 차니까 우리만 내렸다. 어머니는 전주 외갓집까지 갈 차를 구하는 한편 우선 잠자리를 찾아들었다. 한 방에 남자 여자 할 것 없이 피난민들이 가듯 있었던 것 같았다. 그날 밤 나는 고열에 들떠 또 어머니의 애간장을 다 녹이고 겨우 살아나서 트럭에 짐을 싣고 전주 외갓집에 무사히 도착했다. 셋이 살러 갔다가 셋이 온 것은 맞는데 한 명은 아버지가 아닌 남원 할머니였다.

피난민

피난민증을 받은 어머니에게 담요가 2장 배급되었다. 두 식구라서 그랬던 것 같다. 그 시절에는 군용 담요가 아주 귀물 취급을 받을 때였다. 옷감이 귀할 때여서 어머니는 그 담요를 자주색으로 염색해서 내 반코트를 만들어 주었다. 광목도 나오고 여러 가지를 받았던 것 같다. 전주는 피난민이 얼마 없어서 풍족하게 주었던 모양이다. 아버지의 소식은 풍문으로도 들을 길 없고 전쟁은 계속되다가 3년 후인 1950년 7월 27일 우리 뜻과 달리 휴전협정이 조인되어서 일단 포성은 멈췄지만 아직도 그 전쟁은 끝나지 못하고 있다. 그해 초여름 갑자기 군용 물자인 유엔군의 시 레이숀이라는 상자가 하나씩 배급되었다. 못 보던 음식을 담은 깡통들로 가득한 그 진귀하고(?) 처음 먹어보는 것들이 많은 그 상자가 북진을 포기하고 포성을 일단 멈추는 것에 대한 위로의 뜻인지를 전혀 모른 채 우리들은 치즈도, 버터도, 새콤달콤한 레몬 가루까지 갖가지 맛을 섭렵하면서 철없이 즐겼다. 그때 내 나이 12살이었다. 어이없이 아버지를 빼앗긴 지 3년 만이었다. 나는 여든이 돼 가는데 아버지는 아직 그때의 장년으로 박제되어 있다. 2020. 3. 23.

왜 이다지 공허한가

요리조리 돌려봐도 온통 트롯이다. 얼마 전 먹방만 판을 치더니 거기에 트롯이 더해서 방송의 다양성이 실종된 느낌이 들 정도이다. 방송 전문가도 아니면서 방송의 내용을 가지고 이러쿵저러쿵하다가는 짧은 밑천만 드러내고 망신만 당할 수도 있으나 이건 아니라는 생각이다. 방송이 무엇인가? 언론의 책임과 사명 중엔 국민을 올바르게 계도할 의무가 어찌 보면 으뜸이 아닌가 한다. 특히 공영방송은 이런 책무를 수행해야 하는 점 때문에 우리는 시청료라는 세금 아닌 세금(?)을 내고 있는 것 아니겠는가?

하지만 그런 배려가 부족해도 너무 부족한 것 같아 보인다. 특히 올해같이 코로나19라는 불청객 때문에 온 국민이 집콕을 해야 하는 상황에서 방송의 역할은 어느 때보다도 중요했다. 공영방송은 이럴 때일수록 국민들의 교양프로그램을 심도 있게 생각해서 우선 시청률이 좀 안 나올 것 같더라도 인문학이나 역사나 등등의 전문성을 겸비한 내용의 편성을 했어야 한다는 아쉬움을 떨칠 수가 없다. 굳이 영국의 BBC 같은 예를 들지 않더라도 공영방송 나름의 자세나 철학이 있었으면 하는 바람은 언제나 갈증을 면할지 모르겠다. 실제는 이런 것들을 다 잘하고 있는데 아무것도 모르면서 하는 뚱딴지같은 소리면 오히려 좋겠다.

아이가 천연덕스럽게 트롯을 열창하는데 어른 뺨치는 수준이다. 박수들을 치고 열광하는데 왜 이렇게 공허한지 모르겠다. 저 아이가 저 노랫말을 알기나 할까? 말이야 안다 한들 저 깊은 속내를 알고나 부르는 건지 기가 막힐 뿐이다. 안다 해도 슬픈 일이고 모른다 해도 처연한 일이다. 아이는 아이다워야 하는데 누가 저 아이를 저 지경으로 몰아넣었나? 아니 명예훼손 걸리고 싶어 안달이 나서 헛소리하는 거냐는 돌팔매가 날아올지도 모르는데 겁도 없이 왜 그런 소리 하느냐고 꾸짖을지 모르겠으나, 아이에게도 트롯을 빨리 부르게 하고 싶으면 아예 동요를 트롯으로 작곡해 주는 배려가 필요하다고 생각한다. 동심 가득 담긴 노랫말을 트롯으로 부르면 오히려 감동적일 것 같다. 요즘처럼 아예 동요가 사라져가는 마당에 그런 역발상도 의미가 있을 성싶기도 하다.

이제 희망에 부풀어 앞날의 푸른 꿈을 가꾸어야 할 나이에 인생의 쓴맛 단맛 다 보고 꼬일 대로 꼬인 심사를 읊은 노랫말의 어른 트롯을 부르게 해 놓고 그것이 깜찍해서 박수를 쳐댄다면 그것은 어른의 할 짓이 아닌 것 같다. 언제부터인지 아이들 입에서 동요가 사라져가고 있는 것 같더니 이제 아예 실종상태가 되고 만 기분이다. 어차피 외래풍의 노래에 빼앗긴 지 옛날이니 그래도 트롯이 낫다고 항변한다면 아이들에게 맞는 트롯을 만들어 주는 것이 우리들의 할 일이라고 생각한다.

사랑을 해 보기도 전에 이별의 쓴맛을 노래하게 하고 꿈을 채 키우기도 전에 인생살이 좌절의 아픔을 노래하게 한다면 이보다 더 잔인한 일이 세상에 또 있겠는가? 도심의 아파트 단지에서 구경하기 힘든 고드름을 아이들이 정감 있게 느낄 수 없으니 겉돈다 할지 모르겠으나 그래도 아이들의 입에서 자연스럽게 흘러나오는 노래가 고드름 고드름 수정고드름/ 고드름 따다가 발을 엮어서/ 각시방 영창에 걸어 놓아요/였으면 좋겠다. 각시님 각시님 안녕하세요/ 낮에는 해님이 놀러 오시고/ 밤에도 달님이 놀러 오시네/까지 들을 수 있다면 그야 금상첨화다. 요즘 아이들에게야 겨울에 고층건물 옆을 지나가다가 커다랗게 매달린 고드름이 떨어질까 봐 조심해서 비켜 가라는 경고문이 먼저 떠오를지 모르는 고드름이지만 이런 동요를 부른다면 그 정서를 조금은 이해하면서 마음이 맑아질 수 있을 것 같다.

밤하늘의 은하수를 볼 수 없는 환경에서 사는 도시 아이들이 더 많다고는 해도 국민동요라 할 수 있을 정도의 「푸른 하늘 은하수」도 아이들 입에서 사라진 지 오래인 것 같아 가슴이 시리다. 트롯 열풍이 코로나에 지친 국민들에게 생명수 같아서 우울증 예방의 공로 1순위라는데 어째서 이렇게 공허한지 모르겠다. 트롯 프로를 잘 보지 않아서 감이 떨어져서 그런가 보다. 코로나 집콕이 시작될 때 방송 시청을 대폭 줄이리라 마음먹고 뉴스만 조금 보고되도록 TV를 끄고 지냈다. 방송을 보고 앉았다가는 종일 아무것도 못하고 시간을 다 허송할 것 같아서 독한 맘먹고 계획적으로 밀린 원고 일과 독서 등에 집중하기로 결심했다. 다행히 글벗 몇 사람의 수필집 출판에 퇴고 등을 도와주는 일 등으로 유익한 시간을 보내게 되어 당초의 결심을 실행에 옮기는 행운을 얻었다. 그러다 보니 한동안 대화에 낄 수 없을 정도의 이방인이 되어 있음을 발견하고 새삼 놀랐다.

앞으로 앞으로 자꾸 걸어 나아가면/ 온 세상 아이들을 다 만나고 오겠네/ 얼마나 밝고 희망찬 노래인가? 눈에 넣어도 아프지 않을 사랑스런 우리 아이들 입에서 이런 노래들이 흥얼거려지는 세상을 만나고 싶다. 그런 아쉬움으로 이토록 공허한 모양이다. 아이들의 마음 밭을 더는 황폐하게 만드는 일에 어른이 주역이 되어서는 안 될 텐데 이 아둔한 머리로는 묘안이 떠오르지 않아 이리도 공허한 모양이다. 그래도 손은 TV 리모컨을 만지작거리고 있다.

2020. 10. 27.

위문편지

얼굴이 누르퉁퉁하고 푸석한 것이 내가 봐도 싫다. 겉모습이 이럴진대 속이야 어떻게 온전하랴, 그보다 더한 것은 마음이, 가슴이 메말라진 것이다. 좀 물기가 있어서 촉촉해야 사랑도 샘솟고 여유도 있어서 너그러움과 포용도 자연스러울 텐데 바스락 소리가 들릴 것 같으니 큰일이다.

꼭 전해야 할 용건이 있을 때 쓰는 것이 편지일 텐데 그 유래야 그렇다 해도 실제로는 용건을 전하는 것과 마음을 전하는 것의 두 줄기로 나뉘는 게 편지의 종류가 될 것 같다. 대부분 두 가지의 목적을 다 갖고 있고 그런 내용으로 쓴다. 특별한 용건, 즉 구체적으로 언제 무엇을 어떻게 해야 한다는 등의 내용이 아닌 경우는 안부를 묻거나 사랑을 고백하거나 위로의 뜻을 전하는 것 등이 있을 것이다. 두 경우 공통적인 것은 꼭 전하고 싶고 그래야 할 만큼 절박한 마음일 때 편지를 쓸 것이다. 그런데 위문편지라고 하면 그 반대의 개념으로 꽉 차 있는 게 우리들 전쟁세대의 선입견 아닌가 한다.

1950년 6월 25일 한국전쟁이 터졌다. 밀고 밀리는 역전을 수없이 거듭하며 3년의 전투 끝에 1953년 7월 27일 휴전을 해서 이 땅에서 총성은 일단 멎었다. 하지만 지금도 소리 없는 전쟁은 계속 중이고 간간이 총성으로 얼룩진 피의 역사를 계속해서 써 나가고 있다. 전주 외가로 피난을 가서 그곳 초등학교에 전입학하고 10년의 학창 생활을 거기서 보냈다. 초등학교 3학년 학기말 무렵에 전입학을 하자마자 위문편지를 쓰게 되었다. 대학까지는 모르지만 초·중·고교 학생 모두가 의무적으로 쓰던 편지였다.

무슨 말을 썼는지는 전혀 기억이 나지 않지만 '국군장병 아저씨께'라는 제목으로 쓴 위문편지가 꽤 진심 어린 내용이었는지 어쨌는지 아무튼 전교에서 단 한 사람 내게만 답장이 왔다. 교장선생님께서 감격해서 편지를 읽어보시고 담임선생님을 불러 잘 지도해서 이런 경사가 났다고 극구 칭찬하셨다. 이어서 영문도 모른 채 어린 것이 교장실이라는 데로 불려가 한없이 칭찬을 받고 얼굴이 빨갛게 상기되어 야릇한 미소를 지으며 교실로 돌아왔다. 그 아저씨가 자기 조카 생각이 나서 답장을 썼을 수도 있고 유난히 감수성이 풍부한 사람이었을 수도 있고 이유야 여러 가지가 있을 수 있다. 으레 위문편지는 보내는 것으로 끝나는 일

방통행식의 것인데 유독 답장을 보내왔으니 얼마나 정성스럽게, 또 글을 잘 썼으면 감동을 받아 답장까지 보내 왔겠냐는 게 그 때 교장 선생님의 칭찬 이유였다.

아마도 아버지가 서울 집에서 북의 내무서원 손에 수갑이 채이고 포승줄에 묶여 끌려가는 모습을 본 지가 채 1년도 지나기 전이었으니 공산당에 대한 적개심에 불타 있었고 그 공산당과 싸우고 있는 국군 아저씨에게 대한 감사와 위로의 뜻이 가슴 벅차게 편지를 채우고 있었을 것은 불을 보듯 뻔한 일이다. 전교 조회시간에 교장 선생님이 소개하며 또 칭찬하고 온 학교를 발칵 뒤집어 놓았으니 답장을 아니 쓸 수도 없이 되었다. 이번에는 담임선생님의 감수까지 받아가며 답장을 붙였다.

또 얼마 지나지 않아 그 아저씨는 답장을 보내왔다. 전선을 잘 지키고 있다는 소식과 공부 잘하고 있으라는 당부에다가 나를 꼭 만나보고 싶다는 내용이었다. 군대 끝나면 만나자는 얘기였다. 이제는 답장을 쓰면 안 되겠다는 생각을 하고 담임선생님께 말씀드렸다. 더는 답장 쓰지 않겠노라고. 이유는 만나고 싶지 않아서라고 했다. 이성도 모르고 철부지인데도 왠지 더 이상 편지로 정이 들면 안 될 것 같은 생각이 들었던 모양이다. 고사리 손으로 써 보낸 위문편지가 갸륵해서 그저 써 보낸 위문편지 답장에 대한 10살 계집아이의 반응이 너무 지나쳤던 것 같다. 아무튼 낯모르는 사람, 그것도 남자가 보고 싶다는 말에 성깔이 돋았으니 참 어지간한 아이임에는 틀림이 없는 것 같다. 생각할수록 맹랑한 일이다.

그렇게 고사리손으로 쓰던 위문편지를 이제 국군장병 아저씨가 아닌 국군장병 우리 손자에게라는 제목으로 쓰고 있다. 연필이 아닌 손가락으로, 종이 아닌 자판 위에 그것도 이메일도 아닌 핸드폰에 문자로 찍고 있다. 갈퀴손이 찍는 곳은 캠프라는 군 전용 특별 앱에서다. 할 말이 무척 많을 것 같아 애들에게 앱을 깔아달라 했는데 막상 사랑하는 손자라고 찍고 나니 말문이 막힌다. 잘 있지 건강해라 하고서 일단 손을 놓고 멍하니 앉아 있다. 군에 간 지 1달 남짓 됐으니 훈련 겨우 마쳤을까 말까 하는 아이에게 무슨 할 말이 많겠는가?

세월이 흘러서 이제 모르는 아이들의 위문편지를 받는 국군장병 아저씨는 더 이상 없다. 요즘 편지를 쓰라 하려면 아저씨가 아니라 오빠라 해야겠지 하는 객쩍은 생각을 하면서 이유 없이 뒤둥그러진 손가락을 내려다본다. 고사리가 갈퀴로 변했으니 생각인들 어찌 온전하랴. 메마를 대로 말랐을 테니 손자를 불러만 놓고 마땅한 말을 못 찾아 눈만 끔벅거리고 앉아 있다. 그나저나 70년 전 그 아저씨는 아직도 나를 보고 싶어 하려나, 아니 이 세상에 머물러 있기나 한 건지 그것도 모를 일이다.

6.25전쟁이 올해로 71주년이다. 이제 우리 후손들이 국군장병 아저씨께라는 위문편지 같은 것을 다시 단체로 써야 할 일은 절대 사절이다.

2021. 4. 24.

철부지의 다짐

아들이 세 살쯤인가, 겨우 말을 시작하고 얼마 되지 않았을 때 일이다. 저만치서 놀던 애가 무릎을 파고들더니 "엄마 내가 커서 돈 많이 벌어 갖고 곗돈 많이 줄게." 하면서 목을 끌어안았다. 하도 기가 막혀서 곗돈이 무언지 아느냐고 물었더니 엄마가 맨날 곗돈 걱정했지 않느냐며 자못 심각한 표정으로 빤히 올려다보는 얼굴이 어른스러워서 슬펐다. 애가 벌써 이렇게 자랐나 싶어 대견한 생각보다는 어쩌다가 저 천진해야 할 아이 입에서 저런 소리가 나오도록 만들었나 싶으니 어미의 처신이 부끄럽고 당황스러웠다.

그때 아이가 "엄마 걱정하지 마, 내가 곗돈 많이 줄게." 라고 말했다면 내 마음이 착잡하지 않고 그저 웃고 말았을 것 같다. 그것은 그 아이의 수준에 맞는 이야기니까,

대책 없이 지금의 엄마 걱정을 덜어 주고 싶다는 열망의 표현 정도가 세 살배기 아이의 눈높이에 걸맞는 대답이기에 말이다. 그런데 그 아이는 구체적으로 제가 자라서 능력이 생긴 후에 해 주겠다는 매우 구체적이고 실천 가능한, 계획성 있는 말을 하고 있기에 어미는 가슴이 아프고 감격스러웠던 것이다.

우리는 다짐의 말들을 많이 하면서 살아간다. 웅변대회장에서 초등학교 5, 6학년 아이들이 두 손을 번쩍 들면서 "이러이러해야 한다고 이 연사 강력히 외칩니다." 하면 장내는 박수를 쏟아내고 아이는 회심의 미소를 지으면서 연단을 내려오기 마련이다. 많이 보아 온 장면이다. 왜 갑자기 방송을 듣다가 이 장면이 생각나는지 알다가도 모를 일이다. 매우 불경스럽게 들릴지 모르겠으나 대통령의 한일 관계 대응 발언을 들으면서 웅변대회장의 장면이 겹쳐 흐르니 내가 망령이 났다 싶기도 하다. 고개를 가로저으며 아니야, 아니야, 를 연발해 봐도 여전히 앳된 초등학교 아이의 다짐이 귓전을 울린다.

일본의 하는 짓이야 분개해 마지않을 뿐만 아니라 단호한 다짐을 열두 번 해도 모자랄 정도의 일이고 천부당만부당한 일이지만 저렇게 울분에 찬 다짐을 대통령이 하고 있을 때가 아닌 것 같아 고개는 자꾸 거세게 도리질을 친다. 저 정도의 말은 국민들이나 시민단체가 할 말이고 대통령은 정책적이고 외교적인 실효성 있는 구체적 이야기를 하든지 아니면 오히려 침묵하는 게 낫다는 생각이 든다.

세 살짜리 아이도 엄마 곗돈 걱정을 들으면서 제가 어서 자라서 돈을 많이 벌어 가지고 엄마를 도와주겠다는 구체적인 대안을 제시하는데 하물며 한 나라의 선장이 웅변대회 마지막 같은 울분의 호소에 가까운 다짐만 하는 것은 아무리 생각해도 이해가 되지 않는다. 분명한 것은 이것이 정답이라는 말이 아니고 그저 한 노파의 생각일 뿐임을 분명히 밝혀둔다. 대통령의 타는 심정이야 왜 이해를 못하랴? 누구보다도 제일 속이 탈 사람도 대통령임 또한 잘 안다. 조그만 단체의 회장만 맡아도 잘 이끌고 갈 생각에 밤잠을 설치는데 한 나라의 운명을 두 어깨에 짊어진 그 고뇌를 이해하지 못한다면 분명 저능아일 것이니 딱한 처지야 어찌 측은한 마음 없이 바라볼 수 있으랴.

우리나라 경제에 미칠 치명적인 타격을 계산하고 치밀하게 시작한 원자재 수출 제한 조치를 비롯한 일련의 정책은 총 대신 무역으로 우리의 숨통을 한껏 조이겠다는 것인데 이래서는 안 된다, 우리가 꼭 일본을 넘어서고 말겠다는 등의 내용을 담고 있는 발표만으로 무슨 소용이 있는가 묻고 싶다. 전쟁은 책략으로 하는 것이다. 우리가 자존심 싸움할 때가 아니라 머리싸움을 해야 하고 그 방법은 외교라는 루트를 통하는 것이 첩경이라 생각한다. 입추가 지났건만 날씨는 여전히 무덥고 가슴은 바작바작 타들어간다.

8월 15일 우리의 광복절에 일본 왕은 정중히 고개를 숙이고 아베 수상은 여전히 야스쿠니 신사에 공물을 보란 듯이 바치고 있다. 이것이 일본의 실체라면 우리도 그에 상응한 조치를 취해야 한다. 현실을 직시한 실익 있는 정책을 우리는 기대한다. 웅변대회장 열정의 연사가 외치는 뜨거운 함성보다 얼음처럼 차가운 냉엄한 현실을 뚫고 나갈 수 있는 비수 같은 정책을 기다린다. 그 소리를 들으려고 쫑긋 세운 귀가 더 피곤해지기 전에 소나기 같은 한 줄기, 촌철살인격의 대책을 듣고 싶다. 더 이상 철부지의 다짐 같은 외침은 사절이다.

언론회관 앞에서 서성이고 있다. 길 건너 서울시의회 건물을 바라보는데 자꾸 눈시울이 아려온다. 60년 전 봄날 이곳에 앉아서 정의를 외치며 주먹을 부르쥐던 호랑이들이 보고 싶다. 다 어디로 갔는가? 그때는 한 덩어리가 여기 있었는데 오늘은 어째 갈기갈기 찢어진 것 같은 무리들이 거리를 누비고 있는 것인가? 우리가 이런 꼴을 보자고 이제껏 살아서 내년 4.18 60주년을 맞아야 한단 말인가? 이 빠진 호랑이들일망정 두 눈 부릅뜨고 제대로 가는 나라를 위해 밤잠을 설치는 그들 같은 선대가 있어 오늘이 있음을 생각할 줄 아는 정치인들이 많아졌으면 좋겠다. 소박한 그 소망 하나 하늘에 거는데 북악이 손에 쥐어질 듯 가깝다. 처연한 이 심사 어쩌라고 푸른 천정은 구름한 점 없는 것이냐.

정의, 자유, 진리, 민주 귓전을 울리는 그리운 이 소리가 철부지의 함성은 지워버린다. 그러면 그렇지.

2019. 8. 16.

3

우선순위

그날 태평로

대학 입학의 기쁨으로 세상이 온통 내 것인 양 하늘 높은 줄 모르며 우쭐대다가 1960년 정이월은 다 지나갔다. 4월 초하루 입학식을 하긴 했는데 운동장에 모여 응원 연습으로 일주일 넘게 보낸 것 같다. 우리 학교는 신입생 연수를 그런 식으로 했다. 교가, 응원가를 목 터지게 불러 대서 어느새 졸업반보다 더 잘 부르게 되었을 때 우리는 비로소 교실이라는 곳에 들어가게 되었다.

신문은 연일 3.15 부정선거를 고발하는 기사로 넘쳐나고 마산의 학생 시위가 심각하고 전국으로 퍼지는 양상이 보도되었다. 전국이 들끓고 민심은 심상찮게 돌아갔다. 급기야 마산에서 김주열 학생이 눈에 최루탄이 박힌 시신으로 물에 떠올랐다. 신문 지상의 그 참혹한 사진은 국민의 분노를 극에 달하게 끌어올리기에 충분하고도 넘쳤다. 여학생회관인 금란실 벽에 도배하듯 각 신문들이 보도한 이 참혹한 사진들을 보면서 치를 떨다 못해 이가 딱딱 소리 날 정도로 부딪히며 떨렸다. 세상에 어린 학생이 경찰이 쏜 최루탄이 눈에 박힌 채 경찰에 의해 수장되었다가 날이 지남에 물 위로 떠올랐다니 기막힌 일이라고 말하기에는 너무 황당하고 참담한 일이 아닐 수 없는 일이었다. 해도 너무 한다, 이건 말도 안 된다, 울분을 터뜨리며 서로 손을 굳게 잡고 만행을 규탄하며 설왕설래하는 일밖에 우리는 속수무책이었다. 눈물을 글썽이기도 하고 주먹을 부르쥐고 천벌을 받을 놈들이라고 열을 올리며 날을 보냈다.

이기붕을 부통령으로 짝을 이루어 대통령에 입후보한 이승만 당시의 현직 대통령은 3인조, 5인조 선거 등 무리수를 두는 발상으로 선거를 치러 당선되기는 했으나 그 3.15선거는 부정선거이므로 무효라고 외치는 국민적 저항에 부딪치게 된 것이다. 지방에서 고교학생시위로 시작된 국민들의 저항 민심은 들풀처럼 번졌다. 처음 불을 지핀 것은 2.28대구 학생시위, 3.8대전 학생시위로 이어지면서 불씨가 꺼질 줄 몰랐다.

시국은 그래도 산야에 꽃은 피고 봄은 무르녹았다. 철쭉이 붉은 휘장을 두른 듯한 도서관 길을 따라 농과대학 건물로 1교시 수업을 들으러 부지런히 모여들었다. 국어 시간이었다. 시간이 채 안 됐는데 아주 젊은 남자가 들어섰다. 대학 선생님이 너무 젊다는 생각을 하고 있는데 선생님이 아니고 학생 대표라면서 수업 빨리 마치고 인촌 선생 동상이 있는 본관 앞으로 모이라는 것이었다. 신입생 환영회라는 전언이다.

수업을 마치자마자 본관 앞으로 달려가 보니 분위기가 이상했다. 이미 많은 학생들이 모여 있는데 머리에 한자로 고대라고 쓴 수건들을 질끈 동여매고 웅성거리고 서 있는 모습이 환영회라는 말하고는 영 어울리지 않았다. 고개를 갸우뚱거리고 서로 얼굴을 마주보며 의아해하고 있는데 마이크를 통해 여러분 하는 소리가 흘러나왔다. 이어진 말은 환영합니다가 아니라 '오늘 우리는'으로 시작되는 격문 같은 것이었다. 오늘 우리 고려대학교 학생들은 더 이상 좌시할 수 없어 자유, 정의 진리의 기치를 높이 들고 대한민국의 민주주의를 지키고 나라를 구하러 출동한다는 요지의 말을 마치며 '자 나가자'는 구호에 박수로 찬동하며 우리는 앞으로를 외치며 교문을 박차고 안암동 로터리를 향해 걸었다. 무거운 책가방을 든 채 도도한 물결은 국회의사당을 향해 힘차게 걸었다.

선봉에 선 시위대가 안암동, 신설동 로터리, 동대문, 종로5가 등에서 경찰 저지선과 맞서 곤봉 세례 등에 부상을 입어가며 길을 터서 뒤에 가는 우리는 안전하게 걸었다. 종로4가쯤에서 흩어져 행인처럼 걸어서 경찰을 따돌리고 국회의사당에 도착했다. 우리는 뒤에서 평화롭게 걸어서 순조로운 행진인 줄 알았는데 아니었다.

안암동 로터리에서 당시 학생처장이신 현승종 교수님이 학생들 앞을 막으시며 제군들의 충정을 충분히 이해한다, 그 뜻을 충분히 전달할 테니 교실로 돌아가라고 간곡히 만류하셨다. 그 이전에 학교에서 대표들을 불러 1시간 이상 설득하며 붙들고 계시다가 학생들이 교문을 박차고 나서자 달려 나오신 것이다. 학생들은 선생님 앞에 무릎 꿇고 엎드렸다. 우리에게 가르치신 말씀하고 다르지 않습니까? 우리는 다른 뜻이 있는 것이 아니고 불의를 더는 좌시할 수 없고 나라를 구해야 한다는 일념밖에 없습니다. 우리는 우리 학교의 교훈 자유, 정의, 진리를 구현하기 위해 일어선 것입니다. 오래 생각하고 계획한 일입니다. 일시적인 충동에 의한 경거망동이 아닙니다. 우리를 스승을 거역하는 못된 제자 만들지 마시고 길을 내 주십시오. 스승을 밀치고 갈 수는 없습니다. 이 길을 멈출 수도 없습니다. 선생님의 가르침은 우리가 일어서는 것이 너무도 당연한 것 아니셨습니까? 제자는 제자다웠고 스승은 스승다웠다. 끝내 선생님은 길을 내셨고 우리는 걸을 수 있었다.

앞에서 벌어진 그런 상황을 모르는 우리들은 행진이 멈춰 서서 한참 걸리기에 아마도 경찰이 와서 못 가게 하나보다 하는 정도로 생각하며 기다리고 서 있었다. 물론 경찰도 와 있었다. 우리가 안암동 로터리를 지나 대광학교 쪽으로 걷는데 갑자기 소방차가 나타나더니 빨간색 물을 우리 여학생들을 향해 쏘아대기 시작했다. 물을 맞은 여학생들이 어머머 하면서 도망가리라 생각했던 모양이다. 우리가 그까짓 빨간 물 맞기를 무서워할 것 같으냐, 어디 쏴 봐라, 어서 더 많이 쏴 봐라, 쏴 봐. 하면서 연속적으로 소리소리 지르고 가슴을 들이대며 달려나갔더니 무슨 생각에서인지 물 호스를 걷어 넣고 도망치듯 사라졌다. 자극을 받으면 용감해지는 것이 사람이라는 것을 그때 알았다. 그리고 그 당시 아주 적은 수의 여학생들은 대부분 여고 시절 학생회장이나 학도호국단 간부 출신이었다. 소방대원의 빨간 물세례를 막아 낸 우리들은 용기백배해서 구호를 소리 높이 외치며 걸었다. 그런데 인도 쪽으로 남학생들이 가방을 들고 따로 걸어가는 것이 눈에 들어왔다. 행진에 합류하지 않고 가는 꼴이 비겁해 보였다. 들어와 함께 가! 하면서 외쳤더니 어느새 함성이 되어 합창처럼 들어와, 함께 가, 하면서 소리소리 질러댔다. 더러는 골목으로 숨어 들어가고 더러는 합류해서 함께 걸었다. 목소리가 큰 내가 선창하면 모두들 따라서 부르는 노래 같이 외치고 소리치며 걸었다. 그러는 동안 선두는 곤욕을 치르고 있었다. 신설동에서 경찰의 제지를 받고 동대문에서 격돌하고 종로5가에서는 격렬하게 대치했다. 번번이 곤봉 세례들을 받고 연행돼 가고 하면서 경찰을 밀어붙이면서 길을 텄다.

종로3가를 지나면서 인도 쪽으로 흩어져 걷기 시작했고 행인처럼 각각으로 행동하며 걸으라고 누군가가 지휘했다. 경찰에 덜미를 잡힐까 봐 경계해 가며 행인처럼 태연해 보이도록 노력하면서 걸었다. 탑골공원 가까이쯤에서 남학생이 스치고 지나가며 손을 잡고 '국회의사당 앞으로'라고 속삭이며 지나갔다. 순간 긴

장되면서 가슴이 뛰었다. 영화에서나 보던 간첩 접선 장면 같아서였다. 그러다가 갑자기 독립운동을 하던 선조들이 생각나며 숙연해졌다. 몰래 무슨 일을 한다는 것이 이렇게 무서운 일인데 그분들은 독립자금을 모으고 전하는 일을 이렇게 목숨 내놓고 하셨겠구나 싶으니 울컥하면서 마치 무슨 류관순 열사나 된 것 같은 착가에 빠지는 듯했다.

신경을 곤두세우고 걷다 보니 함께 걷던 서울 친구들이 옆에 없다. 어려서 서울에 살다가 6.25 때 피난을 내려가 10년 만에 상경했으니 길이 아물아물하다. 종각쯤까지 그런대로 직진으로만 걸었는데 좌회전을 해야 할지 직진을 해야 할지 판단이 서지 않는다. 대오는 이미 흩어진 지 오래이니 누가 우리 학생들인지 알 수도 없고 국회의사당을 물으면 금세 우리 계획이 탄로 나서 큰일 날 것만 같고 난감했다. 잠시 어린 시절의 기억을 더듬어 일단 직진을 하고 걷다 보니 광화문 네거리가 보였다. 거기서는 오른쪽으로 가면 중앙청이니 왼쪽으로 가야 할 것 같았다. 다행히 길을 제대로 찾아 들어 서둘러 걸었다. 거기쯤에서는 여학생들을 만날 수 있었다.

태평로 국회의사당(현 서울시 의회 건물) 앞에 도착해 보니 이미 아스팔트 바닥에 주저앉아 연좌데모를 시작했다. 우리들을 본 남학생들이 어서 오라, 여기 자리를 남겨 놓고 기다렸다, 하면서 둥그렇게 비워 놓은 자리에 우리를 안내해서 앉혔다. 모두들 일어서서 맞이하는 모습을 보면서 생소한 느낌과 동시에 눈시울이 뜨거워질 정도로 감동을 받았다. 그동안 만원 버스에서 여학생들에게 자리 양보하기는 고사하고 가방도 제대로 받아주지 않을뿐더러 버스에 오를 때도 비켜 주기는커녕 밀치고 먼저 타는 그들이었다. 그렇게 무뢰한(?) 같아 보이던 게 우리 학교 남학생들의 모습이었는데 오늘 보니 멋진 신사도를 지닌 선비들이 아닌가? 그날 이후로 남학생들이 밀치고 먼저 버스에 올라도 타박하지 않고 웃고 말았다.

이렇게 역사적인 고려대학교 학생들의 4.18의거는 시작되었다. 3.15부정선거 무효를 외치며 앉아서 만민 공동회를 방불케 하는 토론회를 열고 대정부 성토를 이어갔다. 이세기, 김중위 등 선배들이 연신 마이크를 잡고 연설하고 안내하고 했던 정도만 기억나지 연단이 멀어서 어떤 선배들이 지휘했는지는 다 알 수가 없다. 해질녘이 되어가자 이철승 선배와 유진오 총장님이 잇따라 연단에 섰다. 제군들의 뜻을 전달해서 답을 받아오겠으니 믿고 오늘은 어서 학교로 돌아가라는 권고였다. 당시의 지도부가 그 권고를 받아들여 학교로 돌아가자고 발표하자 박수로 동의하고 자리를 털고 일어섰다. 이때가 오후 7시경이었다. 답을 들을 때까지 해산할 수 없다는 강경한 입장의 일부 학생들은 그대로 자리를 뜨지 않고 연좌데모를 계속하다가 밤 10시경 경찰에 의해 강제 해산당했다.

강제로 여학생들을 집으로 돌려보내고 시위대는 학교로 돌아가기 위해 평화적인 행진을 시작했다. 을지로 쪽으로 걷다가 청계천 방향으로 좌회전해서 오후 7시 20분경 청계천4가 천일백화점 앞을 지나는 시위대에 깡패들이 집단으로 난입했다. 쇠몽둥이, 쇠갈쿠리 등의 흉기를 마구 휘둘러대는 이들에게 맨손의 시위대는 속수무책으로 폭행을 당할 수밖에 없었다. 무수히 중경상을 입으며 간신히 빠져나간 시위대가 학교에 도착한 것은 밤 8시 20분 경이었다. 학교 본관 앞에서 학생들의 무사귀환을 기다리던 유진오 총장은 이들을 맞아 격려 연설을 하며 위로했다. 이에 학생들은 애국가와 교가를 부르고 대한민국 만세, 민주주의 만세, 고려대학교 만세를 삼창하고 해산했다.

이 사건은 다음날인 4월 19일 서울의 대학생들이 모두 거리를 메우고 일제히 궐기하는 4.19의 직접적인 도화선이 되었다. 그날 깡패들을 투입해서 만행을 저지른 임화수는 이로 인해 사실상 이승만 정권이 종언을 고하게 되는 일에 중요한 촉매제 역할을 한 셈이다. 이런 것을 역설이라고 하던가? 세상사는 어찌 보면 참 정직한 것이란 생각이 들기도 하는 대목이다. 고대의 우리 선배들이 신입생 환영회를 가장해서 일찍이 격문 등을 인쇄하고 환영회 선물용이라는 명분으로 수건을 제작하여 인쇄물을 싸는 방식으로 위장하여 안전하게 운반하고 머리띠로 쓰는 등 치밀한 계획하에 4.18을 준비했다. 4월 18일 봇물처럼 몰려나와 국회의사당 앞을 점령하고 종일 연좌데모를 벌였지만 이날 밤의 깡패 습격 사건이 없었다면 과연 역사가 어떻게 전개되었을지 가늠하기 어려운 일이라는 생각이 든다. 그럴 때면 전화위복은 이 경우에도 딱 맞는 말이 아닌가 싶기도 하다.

집에 돌아와 라디오를 듣다가 소스라치게 놀라고 분을 삭이지 못해 식식거리다가 잠을 자는 둥 마는 둥 하고 아침 일찍 학교로 갔다. 이미 운동장에 선배들은 나와 있고 우리는 교실에 들어갈 것도 없이 대오를 정비하고 교내 구석구석을 나누어 돌며 시위계획을 알리고 학생들을 다 모아서 국회로 향했다. 어제는 중간중간에 제지도 있었고 인도로 흩어져서 행인인 척 시침 떼며 뿔뿔이 걷다가 선배들이 요소요소에서 슬쩍 스치면서 국회의사당으로를 속삭이는 긴장된 순간들이 있었는데 4월 19일 그날은 일사천리로 걸었다. 너무 거침없어서 무미하기도 할 정도였다.

국회의사당 앞에 어제와 똑같은 자리에 우리는 퍼질러 앉아서 주먹을 불끈 쥐고 외치기 시작했다. 3.15부정선거 원천 무효, 부정부패, 독재 타도, 깡패정치 규탄, 책임자 색출 엄중 처벌 등 구호를 소리 높이 외치며 연좌데모를 계속했다. 한참을 그러고 앉아 있는데 '어머나 얘 좀 봐, 어머, 이 피 좀 봐' 하면서 나를 흔들었다. 코피가 터진 줄도 모르고 소리만 지르는 동안 턱밑까지 피가 흘러내리고 있었다. 어려서부터 코피가 터지면 얼른 멎지를 않아 의사가 왕진을 와서야 멈출 때가 많을 정도로 특이한 체질이었는데 이럴 때 코피가 터졌으니 수선스럽게 될까 봐 덜컥 겁이 났다. 남학생들이 달려와서 양옆을 끼고 거의 들다시피 해서 질질 끌려가는 형국이 되었다. 주위에 수도 같은 것을 찾을 길 없어 덕수궁 정문 옆까지 가서야 가겟집 펌프물에 이마를 씻고 물을 끼얹어가며 겨우 진정시켜서 다시 부축해 제자리에 돌아와 앉혀 놓았다. 기억으로는 그 가겟집 마당에 펌프가 있었는데 지금 그 근처에 가서 아무리 흔적을 찾아보려 해도 어디가 어디인지 도무지 알 길이 없다. 그 당시는 그날 이후에 그 근처를 찾아볼 겨를이 없이 학교 다니기만 바빴다.

시간이 흐르면서 경무대로 가자는 고함이 터져 나오고 지도부는 목적달성을 위해 일어난 것이니 우리를 믿고 답을 기다리자고 설득했다. 우리는 그렇게 질서를 유지하며 연좌데모를 계속하는 동안 옆으로 시발택시가 피 흘리는 사람을 싣고 피를 뚝뚝 흘리며 지나가기 시작했다.

피는 사람을 흥분시킨다는 것을 실감한 순간이었다. 우리는 흥분하기 시작했고 선봉대는 경무대로 달리고 우리는 만류하는 지도부의 지휘에 따라 자리를 지키고 앉아서 목이 터져라 구호만 외쳐댔다. 이미 경무대 앞 발포로 시위 현장은 걷잡을 수 없는 극한 상황으로 치달았다. 우리가 앉아 있는 바로 옆의 서울신문사가 불에 타고 계엄령이 선포되었다. 이렇게 4월 19일은 저물어 갔다. 경찰의 총탄이 100여 명의 목숨을 앗아갔고 6,000여 명이 중경상을 입었다. 민주주의는 피를 먹고 자란다고 했다던가? 이렇게 1960년 4월 19일 서울 광화문은 피로 물들었다.

여학생들은 이제 집으로 돌아가라, 우리가 제대로 행동하는데 부담이 된다, 아니다 우리도 끝까지 함께 하겠다. 계엄령 선포 전후쯤에 벌이던 실랑이였다. 남학생들이 이제 사태가 어떻게 더

험악해질지 모르니 어서 자리를 뜨라며 남학생들이 우리 여학생들을 에워싸듯 이끌고 미도파 앞까지 안내해서 버스에 강제로 태워 보내고서야 태평로로 돌아갔다. 명륜동 집으로 돌아와서 대문을 들어서니 어머니가 안대문 문턱을 넘고 있었다. 나를 찾으러 무작정 나서시는 중이라 했다. 내가 한 발만 늦었으면 어머니가 그 혼란한 길에서 어떤 위해를 당했을지도 모를 절체절명의 순간이었다. 자식이 무엇이기에 전쟁터같이 변한 시내로 딸을 찾아 나선 것이다. 이제 나를 위해 그렇게 해 줄 사람은 없고 그 날 어머니 같은 심정을 가진 노파로 변했다.

이기붕은 도망쳤다가 아들 이강석의 총탄으로 일가족이 함께 저승길을 떴다. 4월 28일 경무대 36호 관사만이 목도한 비극이었다. 이 대통령의 양자로 귀하신 몸으로 통하던 육군소위는 양부 이승만 대통령의 하야 성명이 나온 이틀 뒤 극단의 선택을 한 것이다. 아버지와 어머니, 그리고 항거하는 동생을 쏘고 자신의 머리에 권총을 댔다. 그 방아쇠가 당겨지며 또 하나의 역사는 시작되고 또 끝났다. 욕되게 사느니 오히려 편히 보내드리겠다는 아들의 효도였는지, 부모지만 지은 죄를 지고 가시는 게 낫겠다는 판단으로 악역을 자임했는지 그야 알 길이 없다. 이기붕의 집은 쑥대밭이 되었는데 그 집에서 금송아지에 수박에 온갖 것들이 다 나왔다고 시민들은 들끓었다. 그중에서도 금송아지보다는 수박이 나왔다는 것에 시민들의 분노가 극에 달했다. 믿어지지 않겠지만 그 시절 상황으로는 금송아지까지는 그렇다 치더라도 4월에 수박이라니 이런 사치는 도저히 용서가 안 되는 일이었다. 요즘처럼 온상재배로 계절 무시하고 사철 아무 과일이나 다 먹는 시대가 아니었기에 4월의 수박은 비행기를 타고 날아와야 하는 수입 과일이었으니 미루어 짐작이 갈 것이다. 이대 부총장이었던 박마리아는 그 당시 실세 중 실세로서 이기붕의 아내로서 그림자, 특급 참모를 넘어 모든 것을 주관한다는 평을 받던 여인이었다. 장남 이강석은 육사 출신으로서 이승만 대통령의 양자로 입양되어 귀하신 몸으로 통하던 또 하나의 권력 실세였다. 차남은 연세대 재학생이었다. 이렇게 풍비박산 난 이기붕의 저택, 당시 서대문 경무대라 불리던 그 집은 지금 헐리고 4.19기념도서관이 자리 잡고 있으니 역사란 어떤 것인지 무언으로 증명하고 있는 셈이다.

불량배들이나 과격한 일부 시민들이 파출소 등을 부수려 하는 일들이 있어 학생들이 그런 망동을 막고 보호하는 봉사활동을 벌이며 질서를 유지했고 계엄사령관 송요찬 장군은 평화적으로 질서를 유지하여 시민과 학생들의 환영을 받았다. 하지만 학생들의 요구에 경무대는 침묵했다. 학교는 쉬고 4월 25일 대학교수단이 궐기하여 성명을 발표했다. '학생의 피에 보답하라.'고 쓴 대학교수단의 플래카드는 변희용(성균관대), 권오돈(연세대) 교수가 양쪽에서 들고 이종우(고려대), 이항녕(고려대), 정석해(연세대), 임창순(성균관대) 교수들이 대형 태극기를 펴들고 그 뒤를 따르며 대학 교수단이 거리시위에 나섰다. 이날 시위의 물결이 거리를 지나는 동안 시민들의 가슴은 존경과 믿음으로 가득했으며 진정

지성이 무엇인가를 보여주는 역사적 현장이었다. 드디어 하루만인 4월 26일 이승만 대통령이 '국민이 원한다면 물러나겠다.'고 하야성명을 내고 이틀 후인 4월 28일 경무대를 나와 이화장으로 옮겨갔다. 공교롭게도 사랑하던 양자 이강석이 가족을 데리고 하늘 길을 뜨는 총성이 새벽하늘을 찔렀던 바로 그날이었다. 이렇게 4.19혁명은 성공했다. 학생들로 이루어진 일이었기에 학생혁명이라 부르는 게 맞다는 학자들도 많다.

학교가 쉬는 동안 당장에 내려오라는 오빠의 전보가 빗발쳤다. 누이동생의 성격과 기질을 잘 아는 아버지 같은 오빠가 얼마나 근심이 되었으면 그랬을까 짐작이 되지만 내려갈 수는 없었다. 내 대신 다친 학생들에게 미안해서 그냥 있을 수가 없어서 날마다 부상자들의 병실을 돌았다. 생판 모르는 사람들에게 미안하다고 어서 빨리 나으라고 위로의 말을 건네며 돌아다니는 일을 멈출 수가 없어서였고 만약 무슨 일이 생기면 동참해야 한다는 생각 때문에 서울을 비울 수가 없어서였다.

시국이 좀 안정되고 학교는 다시 문을 열었다. 역사적인 날 첫 시간은 역시 4월 18일과 같은 정한숙 선생님의 국어 시간이었다. 선생님은 아무 말 없이 칠판에 '깨끗한 손을 가지신 분이 계시거든'이라고 쓰셨다. 그리고는 읽어 내려가셨다. 그 혼란의 시대에 딱 맞는 가슴 울리는 시였는데 유감스럽게도 지금 그 시구가 다 떠오르지는 않는다. 깨끗한 손을 가진 사람이 있거든 어서 나와 교사들을 대신해서 희생된 제자들의 영전에 꽃 한 송이를 대신 바쳐 달라는 내용의 시였다. 고개가 저절로 숙어지고 양심의 소리를 듣게 하는 감동적인 시에 우리 모두는 숙연해졌고 교실은 숨소리도 들리지 않았다. 정 선생님은 아무 말 없이 수업을 이어가셨다. 그 정한숙 선생님은 그 후 예술원 회장을 역임하셨다. 장면 총리의 제2공화국이 들어서고 세상은 계속 어수선했지만 우리는 다시 학업에 몰두했다.

꿈 많던 그 시절엔 감태 같은 머릿결을 뽐내고 다녔건만 어느결에 서리가 머리를 덮고 말았다. 4.19혁명이 60주년이라고 기념사업을 준비하느라 관련 단체들이 나름대로 분주하다. 고대 본관으로 오르는 길목에 선 4.18 기념비 앞에 섰다.

자유! 너 영원한 활화산이여!
사악과 불의에 항거하여 압제의 사슬을 끊고
분노의 불길을 터트린 아! 1960년 4월 18일!
천지를 뒤흔든 정의의 함성을 새겨
그날의 분화구 여기에 돌을 세운다

당시 학생들의 시위 모습을 조각하고 왼쪽에 새긴 비문의 전문이다.

우리의 스승 조지훈 시인의 기념 비문이다. 1961년 4.18 1주년 기념식 때 제막한 4.18 기념비의 이 시는 그 당시 고대생이라면 주문 외우듯 중얼거리고 다닐 정도였다. 누가 시켜서도 아니었다. 4.18의 정신과 시대성과 역사적 의의를 이보다 더 함축

하고 절묘하게 표현해낼 수 없을 정도여서 신기하기도 하고 감동이 더 컸던 것이라 생각된다. 선생님의 탄생 100주년인 올해가 4.19혁명 60주년과 겹쳐서 더욱 가슴을 설레게 하는 것 같다.

4.19의 역사적 의미야 이 글에서는 생략하고 썼지만 1960년 당시의 이승만 정권은 독재로 치닫고 있었고 이승만의 종신 집권과 이기붕의 부통령 만들기에 혈안이 되어 있었다 해도 과언이 아닌, 수단과 방법을 가리지 않는 정권 말기적 모든 요건을 다 갖추고 있는 그런 상황이었다. 그런 시기에 학생들이 젊음 하나를 무기로 맞서 싸운다는 것은 그야말로 계란으로 바위 치기 같아 보일 수도 있는 그런 지경이었다. 그럼에도 불구하고 맨몸으로 가슴을 한껏 펴고 죽음을 불사하며 항거에 나선 실상을 지훈 선생의 이 비문만큼 잘 그려낸 명문은 4.19 관련 많은 시문들 중에서도 다시 찾아보기 어려울 정도로 빼어났다고 본다.

60갑자를 한 바퀴 다 돌아 제자리에 왔다 해서 잔치를 벌이는 환갑이다. 그렇게 세월이 흘렀는데도 여전히 광화문은 시끄럽다. 우리가 이런 꼴 보려고 그때 젊음을 아낌없이 던졌나 싶은 생각을 하기 시작하면 4.19 희생 영령들 앞에 고개를 들 수가 없다. 도대체 너희들은 무엇 하러 목숨을 매달고 살고 있느냐는 호통이 귓전을 때리는 것 같기도 해서 수유리 묘역, 4.19 영령들 앞에 가기가 민망하다.

게다가 신종코로나19라는 역병으로 온 나라가 벌집 쑤신 듯하니 이래저래 심란하고 하늘만 쳐다본다. 60년 전 우리를 도와주셨듯이 오는 60년도 도와주셔서 그때 두 번째 환갑잔치는 기념 여행으로 백두산이나 묘향산에 가서 자유민주주의 만세를 높이 부르는 모습을 하늘에서 내려다볼 수 있으면 좋겠다.

그날 불탔던 서울신문사 자리는 우람한 언론회관 건물이 우뚝 자리 잡았고 서울시청은 앞모습이 변했지만 그대로 서 있고 국회의사당이던 것이 서울시의회로 간판을 바꿔 달았을 뿐 성공회, 동아일보사 건물 등이 그대로 자리를 지키고 있어 아직은 생소하지 않다. 더구나 덕수궁 돌담길이 여전히 마음을 안온하게 해준다. 태평로 저 거리에 그날처럼 한번 주저앉아 보면 좋겠는데 밀리는 차들을 비켜나라 할 명분도 힘도 없다. 북악을 바라보고 섰노라니 숭례문 쪽에서 바람 한 줄기 시원하게 불어온다. 백발을 가리느라 얹혀 있는 모자가 날아가려 한다. 그래도 아직 지팡이 신세를 지지 않고 여기 거닐 수 있음에 감사하며 광화문 네거리를 향해 천천히 걸음을 옮긴다. 그날의 국회의사당 자리인 서울시의회 건물을 한 번 더 돌아본다. 4.15 총선이 코앞이고 지금은 여의도로 옮긴 민의의 전당이 21대 새 주인을 기다리는데 눈앞은 아무리 부릅떠 봐도 안개 속이다. 불어오는 바람에 티가 들어갔는지 가슴에서 올라온 울화 때문인지 눈앞이 자꾸 흐려진다. 코로나 때문에 눈도 만지지 말라 하니 그냥 걷는다. 시적시적 걷는다. 걷는 건지 서 있는 건지 분간하기 힘들 만큼 마냥 천천히 걷는다. 서둘러 가 봐야 반길 이도 기다리는 이도 없으니 그날의 함성이나 벗 삼을 수밖에.

2020. 4.

어지간해야지

고시 못한 것을 위로 받지 않아도 좋으니 이제 저런 추태 구경은 그만하고 싶다. 여판사의 꿈을 안고 고려대학교 안암동산에 들어섰을 때 예쁘진 않아도 풋풋한 젊음이 향기를 뿜었다. 입학 오리엔테이션을 마치고 막상 교실에 엉덩이 좀 붙이고 앉을 무렵 우리는 정의를 위해 교문을 박차고 나갔다. 3.15부정선거로 이 나라 민주주의가 백척간두에 섰다는 위기감과 나라를 구해야 한다는 일념으로 떨쳐 일어나 국회의사당 앞 태평로 길바닥에 주저앉아 연좌데모를 벌여야 했다. 1960년 4월 18일의 일이다.

올해로 60주년이 되었다고 그 기림행사를 거창하게 하고 싶어 잔뜩 들떠 있었다. 역사는 잔인한 것인가? 우리 주역들이 가슴 설레며 준비에 골몰할 무렵 불청객 코로나19 바이러스가 중국 우한시로부터 황해를 건너 날아들었다. 행여나 행여나 하고 곧 찾아들기를 염원하며 애를 태웠는데 어언 1년이 되어간다. 그러는 동안 사회적 거리두기로 모든 행사는 축소되다가 비대면 행사만 겨우 소규모로 이루어지는 상황에 처하게 되었다. 민주주의와 정의를 지키고 나라를 바로 서게 하고자 젊음을 초개 같이 버린 영령들 앞에 고개를 들 수 없는 것은 비단 기림행사를 거창하게 못해서 만이 아니다.

목숨까지 걸어가며 들고 일어났던 그때보다 더하면 더했지 조금도 덜하지 않아 보이는 나라의 형편 때문이다. 자유, 민주, 정의, 진리, 이것이 우리가 그 아름다운 봄날 책상을 떠나 교문을 박차고 나와 민의의 전당인 국회로 달려간 이유의 처음이고 끝이다. 우리는 어떤 사심도 없었고 오로지 이 대한민국이 자유롭고 민주적이며 정의로운 사회에서 오직 진리에 따라, 진리를 찾기에 힘쓰고 사랑하며 올바르게 살아갈 수 있는 복된 나라로 지키고 싶어서였을 뿐이다.

그런데 자그마치 강산이 여섯 번이나 바뀐 60주년 기념해의 우리 형편은 입에 담기 어려운, 아니 담고 싶지 않은 일들로만 점철되어 있는 것 같아 안타깝기 그지없다. 지도자들의 모양새를 보면서 이유야 뭐가 됐건 간에 고시 못해서 여판사의 꿈을 이루지 못한 것을 조금도 한탄할 것 없다는 자괴감만 드는 현실이 너무 아프다.

법은 상식에서 출발한다. 그리고 도덕을 지켜내기 위한 마지막 보루이다. 정의도 평등도 다 그 가치를 위해서 필요한 도구일지도 모른다. 거짓은 일단 옳지 못한 것이다. 문서를 위조했다면 글자를 통한 거짓말을 한 것이다. 그런데 그 거짓말이 국법에 어긋나는 것이라면, 법에서 처벌하도록 되어 있다면 그 행위자의 신분 여하, 지위 고하를 막론하고 법의 잣대를 들이대고 그에 의해 처벌하면 되는 것이다. 해괴하게도 연전에 이런 일로 민초들 마음을 부글거리게 하는 사람을 법을 관장하고 인권을 다루는 국무위원에 앉히더니 그예 그 일은 유야무야되어 버렸다. 아이들이 그래도 괜찮은 줄 알고 자랄까 심히 걱정스럽다.

점입가경이라더니 아들의 군복무 중 휴가 문제로 옳으니 그르니 시비가 일어나고 일반인들 대부분의 눈에는 어머니가 자식 걱정에 안 했으면 좋았을 일을 한 것 같아 보이는데 사과 대신 요리조리 여러 가지 설명으로만 일관하더니 그 역시 아무 일도 없었던 것을 공연히 난리들을 쳤다는 분위기로 일단락 지어버렸다. 검찰개혁을 부르짖으며 임기제가 신분을 보장하고 있는 검찰총장을 몰아붙이며 연일 강성 발언의 수위를 높여가고 있는 현역 법무무 장관의 모습이다.

우리가 바라는 것은 상식과 법대로 하라는 것이다. 그 이상도 이하도 아니다. 모든 것을 법의 자구에만 매달려 해결하는 것도 그리 바람직한 것은 아니어서 법률만능주의를 심각하게 고려해야 하지만 최소한 공정과 공평을 이루려면 때에 따라 사람에 따라 그 기준을 마음대로 바꾸는 일은 없어야 한다고 본다.

아무려나 이런 꼴을 보자고 우리가 일어섰던 것은 아닌데 70

년이 지난 오늘도 나라 형편이 이 모양이니 옛 어른들 한탄대로 너무 오래 살았나 싶은 생각이 들기도 하고 지는 해를 보노라면 눈시울이 붉어지며 주먹이 불끈 쥐어지는 것이 한두 번이 아니다. 어떻게 이룬 나라이며 얼마나 피땀 흘려 키운 경제 발전인가? 우리 국민뿐 아니라 세계 각국의 유엔군들까지 귀중한 목숨을 아낌없이 바쳐서 지켜낸 자유민주주의인데 그 운명 또한 백척간두에 선 것 같이 느껴질 때가 한두 번이 아니니 등골이 오싹 하고 온몸에 소름이 돋는다.

어지간해야 참지 인내에도 한계가 있다. 자식을 위해서는 무슨 짓인들 못하랴는 우리들 정서는 소박하고 아름다운 것이었다. 그런 정성과 뚝심이 인재를 길러내고 이 나라를 이만큼 세운 원동력일 수도 있다. 그러나 그것이 남의 기회를 가로채서는 안 되고 부모덕에 부당하게 다른 대우를 받는 친구를 쳐다보며 젊은 가슴이 멍드는 일도 없어야 한다.

죽을 날이 가까운 늙은이들을 더는 분노케 하지 말았으면 좋겠다. 어지간해야 덮어주지, 이건 너무 기막힌 상황이라 누군가를 붙잡고 마구 싸우고 싶어진다. 제발 어지간히들 하고 삿대질하는 손가락을 자신의 가슴에 돌려대고 자신에게 석고대죄해 보면 답이 나올 것 같다. 이건 정치적인 발언이 아니라 4.18의거 주역의 한 사람으로 최소한의 볼멘소리를 쏟아내고 있음을 간과하지 말기를 간절히 소망한다. 어지간히들 해라, 어지간히들! 위에서 거론한 사람들만을 대상으로 하는 허튼 소리가 아님을 잘들 아시겠지? 설마 그것도 모른다면 그건 참 답이 없는 노릇이네.

2020. 11. 4.

태극기 거부라니

“이런 거 안 해요.”

오늘 3.1독립운동 100주년이라 문인들이 그날의 만세 운동을 재현해 보는 기념행사에 함께 하자며 태극기를 내미는 손을 거들떠도 보지 않는다. 은평문인협회 회원들이 연신내 물빛공원에서 행사 현수막을 걸고 행인들에게 태극기를 나누어 주었다. 의자에 앉아서 핸드폰을 들여다보는 학생에게 다가가서 태극기를 건네주려다 봉변을 당한 것이다. 이런 거 안 하다니 저기 현수막을 보라고 타이르듯 말하고 머쓱해서 돌아서는 입맛이 쓰다. 아니 호통을 치고 싶은 마음을 억누르느라 목울대가 땅겼다.

아무리 작은 나라라도 국기는 갖고 있다. 자신들의 상징이고 표시인 이 국기는 나라 간의 회담이나 국제행사에선 그 나라의 이름표가 됨은 말할 것도 없다. 우리처럼 나라를 잃었던 경험이 있는 나라의 백성들에게 있어 국기에 대한 애정이나 사랑은 훨씬 더 강하고 집착이 강할 수도 있다. 우리 선조들이 태극기를 목숨처럼 소중히 여기고 지켜내려 했던 흔적들을 살펴보면 눈물이 앞을 가리는 사연이 한둘이 아니다. 목숨을 걸고 감추고 지켰던 태극기를 광복의 그날 눈물을 흘리며 들고나와 만세를 불렀다.

1950년 9월 28일, 6.25전쟁으로 서울을 공산군에게 빼앗겼다가 다시 되찾은 서울 탈환의 그날 사람들은 어디다 감추어 두었는지 태극기들을 들고나와 만세를 불렀다. 지금의 영락교회 선교관 자리인 옛집에서 보던 성당 고아원 아이들이 들고나와 흔들던 태극기를 어찌 잊을 수 있으랴. 내년이면 70년이 되는 오래전 일이건만 어제만 같다. 그런 태극기를 어쩌다가 이런 것이라고 표현하는 아이와 같은 하늘을 이고 살게 되었는지 기가 막힐 일이다.

일제의 총칼 앞에서도 목숨을 걸고 대한독립만세를 부르기를 반년이 넘도록 이어간 기미년 3.1독립만세운동의 100주년을 기념하는 행사에 함께 하자는데 이런 것 안 한다고 거들떠보지도 않는 저런 아이를 어떻게 하면 좋단 말인가? 도대체 우리는 무엇을 하면서 살아왔기에 이런 꼴을 보아야 하나 생각하니 암담한 마음뿐이다. 저쪽에서 학생들이 단체로 몰려오는데 은근히 겁이 났다. 저 아이들도 저런 반응을 보이면 어쩌나 싶은 노파심이 앞서서였다. 그래도 다가가서 태극기를 건네며 동참을 권유하니 기꺼이 응했다. 요즘 아이들이 전부 그런 것은 아니라는 확인에 가슴을 쓸어내리며 행사를 무사히 치렀다.

태극기를 가볍게 보는 풍조를 만든 것이 바로 우리 어른들인데 애꿎은 아이를 탓할 일이 아니라는 생각이 들었다. 국가의 상징은 하나여야 하는데 운동 경기라고 무심히 생각하고 남북한 공동 참가인지, 무언지 때문에 태극기 대신 한반도기라는 것을 들고 나가면서부터 잘못되었다고 본다. 그때 그것을 막았어야 하는데 우리 모두 국기의 막중함을 잠깐 잊었던 것은 아닌지 후회막급이다. 국기는 국민의 심장일 수 있는데 경홀히 생각한 죄가 우리 어른들에게 있다. 더 심각한 것은 이런 생각에 동의하지 않는 사람도 있다는 오늘의 우리 현실이다.

점심을 먹는 자리에서 이 이야기를 했더니 한 문인이 기성세대의 책임이라며 태극기를 들고 시위하는 사람들 때문에 그런 시위를 하자는 줄 알고 그 아이가 그런 반응을 보였을 것이라고 설명하는 것이 아닌가? 순간 아찔하면서 한편으로 마음이 좀 놓이는 기분이었다. 그래? 태극기가 싫거나 3.1운동이 싫어서가 아니란 말이지? 그러면 됐다. 괜찮다. 나라가 희망이 없지는 않다는 생각에 얼굴이 밝아지는 것 같았다.

어쩌다 국론이 이토록 분열되고 국민이 이편저편으로 편이 갈라졌는지 기가 막힐 일이다. 남북이 대치된 상태에서 북은 철옹성이고 우리는 사분오열 된다면 어쩌자는 말인가, 더 생각하기가 무섭다. 우선 국기의 존엄을 다시 찾고 국민 교육에 열을 올려야 한다. 아니, 지도자들이 솔선수범해서 태극기의 존엄을 회복시켜야 한다. 지도자들을 둘러싸고 심심치 않게 들려오는 태극기의 존엄을 해치는 이러저런 소리들을 더는 듣지 않아야 한다. 어떠한 경우라도 우리나라를 상징할 때는 태극기 이외에 어떤 것으로도 바꾸지 않아야 한다. 아이들을 더 이상 헛갈리게 만들면 안 된다.

어떤 단체나 생각을 같이하는 사람들이 들고 다닌다는 이유만으로 국기를 폄하하는 것은 어불성설이다. 국기는 그 나라를 대표하는 상징임에 있어 태극기만 예외가 될 수 없다. 우리나라의 국기는 태극기임을 부인할 사람은 없을진대 어떤 경우에도 우리나라를 대표하는 일에 태극기를 대신할 그 어떤 것도 존재할 수 없다. 이것만 분명히 교육하고 보여 주어야 한다. 그래야 태극기를 보고 이런 것 안 한다는 아이가 더 이상 생겨나지 않을 것이다. 그보다 먼저 좀 전의 나처럼 옹졸한 어른의 마음을 바꿔야 할 것 같다. 다정하게 다가가서 설명하지 못한 아쉬움에 얼굴이 붉어진다. 북한산 자락의 흰 구름 한 송이가 앞으로는 그렇게 하라고 소곤대며 흘러간다. 통일로 길을 따라 북으로 흘러간다. 태극기 손에 들고 개성으로 가려나 보다.

2019. 5. 6.

이기심

나라 걱정을 하고 세상이 좋아지기를 바란다지만 자신의 이익과 상관되는 일에는 모두 눈이 멀고 만다. 큰일뿐만 아니라 아주 사소한 일에도 내가 하는 일이 우선이다. 날이 가물어 걱정이라고 비를 기다리다가도 자신과 상관있는 날에는 비가 오지 않기를 바라는 마음이 인지상정이다. 자신이 주관하는 일일 경우는 맑은 날을 주시라고 간절히 기도까지 한다.

일기예보의 주간 날씨를 보고 안도의 숨을 내쉬고 있는 자신을 발견하고 순간 깜짝 놀랐다. 중책을 맡고 처음으로 주관하는 문학행사 날인 5월 14일이 쾌청으로 나타난 화면을 보고 회심의 미소를 짓는 자신이 바로 그 예보를 시작할 때 전국이 건조 특보 수준이라는 말을 들으면서 비가 와야 할 텐데 걱정이라고 생각했던 것을 떠올려서이다.

불과 1분 전에 비가 와야 된다고 간절히 마음먹었는데 앞으로 1주일이 비 소식이 없다는데 좋아하다니 한심한 사람이 아닌가?

그래 그 이상한 마음의 주범은 이기심이다. 이 작은 일에도 그러는데 큰일에 이르러서야 그야말로 내로남불일 수밖에 없지 않겠는가 싶다. 집값, 교육 등등 어느 한구석 예외가 없다. 내 손자가 자사고를 가고 싶어 할 때는 학교 수가 줄어들까 봐 전전긍긍했는데 이제 졸업하고 나니 교육평준화라는 이론에 귀가 솔깃해지기도 한다. 집값이 천정부지로 올라 걱정이라고 하면서도 내 동네 집값이 올랐다고 하면 입이 귀에 걸린다. 그러다가도 다른 동네 부동산이 급상승이라고 하면 이 나라 주택 정책이 어쩌고저쩌고하면서 입에 거품을 무니 하릴없는 속물이 아니고 무엇이랴.

남을 먼저 배려하라, 조금씩 양보하라, 이웃 사랑은 작은 일에서부터 실천하라, 좋은 얘기는 다 하면서도 막상 실천은 없으니 사회가 각박한 것은 바로 나 때문이다. 이기심의 발동을 막는 첩경은 양보일 테니 우선 앞에 놓인 음식부터 양보를 시작하여 군살부터 빼고 볼 일이다. 너만 살 빼고 우리는 다 뚱보가 되란 말이냐, 그야말로 이기심의 극치가 아니냐는 아우성이 들려온다. 그래 그런 객쩍은 소리로 얼버무리려 하지 말고 진지하고 숙연한 자세로 이기심을 다스리는 수련을 시작해 보라는 양심의 소리가 따갑게 가슴을 찌른다. 그러면서도 마음은 여전히 우리 동네 집값의 상승폭이 얼마냐에 꽂혀 있다.

2019. 7. 3.

우선순위

사람이 살아가는데 모든 일을 동시에 할 수는 없다 보니 먼저 할 일과 나중 할 일을 결정해야 할 때가 많다. 모든 일은 순서가 있으니 반찬 한 가지 만드는 일에도 차례차례 일을 해 나가면 순조롭게 요리가 끝나고 쉽다. 이렇게 만사에 순서가 있지만 그런 것은 경험에 의해 관성적으로 몸에 배어서 별 신경 쓰지 않고도 잘해 나가며 산다. 제한된 시간에 해야 할 일들이 쌓여 있다든가 극한 상황에서 어떤 일을 해야 할까 말아야 할까 등을 결정해야 할 때 그 순서를 정하는 우선순위는 매우 중요하다 보니 선뜻 정하기 어려운 경우가 많다.

코로나19 바이러스라는 불청객 때문에 칩거 중인 한 달 동안 할 수 없이 역마직성을 잠재우고 집콕을 하며 수행 중이다. 손을 잘 씻고 사람을 안 만나는 것이 상책이라는 바람에 비누로 손을 자주 씻었더니 약한 피부가 말썽을 일으킬 지경이다. 병원에 되도록 가지 말아야 하는데 왜 이렇게 정다운 사람들이 하늘길을 뜨는지 기막힌 일이 아닐 수 없다.

의리를 지키기 위해 위험을 감수할 것인가, 건강을 위해 의리는 잠깐 뒤로 미루어 놓을 것인가, 자신의 일이 아닐 때에야 쉽게 의리를 지키라고 말할 수 있을지 모르나 막상 자신의 경우가 되면 쉽게 답이 나오지 않는 게 상례이다. 아예 의리 같은 것보다야 자신의 실리에 무게 중심을 확실하게 두고 소신껏 살아오던 사람에게는 별일이 아니고 정답 또한 빨리 나올 것이니 문제가 안 될 수도 있다. 하지만 평소에 사람의 도리가 어쩌고 하면서 어쭙잖게 의리를 좇아 사노라 한 사람에게는 심각한 문제다.

역병이 돌기 시작하던 초기에는 여러 건의 장례에 문상을 다녀왔으나 조금 지나 전국적으로 확산일로에 있어 초비상일 때 오래된 글벗이 돌아갔다. 칩거를 시작한 지 2주일쯤 되었을 때인데 무서워서 현관문 밖에를 못 나가고 있었다. 바로 이럴 때 날아든 부음은 글벗을 떠나보내는 애틋한 마음보다는 어떡해야 하지?라는 선택의 답안지로 더 먼저 다가오고 있는 것 같았다. 미안해요 용서하세요, 하면서 조화, 조의금 봉투를 보내는 것으로 일단락 짓고 앉아 있자니 자신이 너무 초라해 보인다.

요것밖에 안 되는 인간이었습니다, 용서하세요를 되뇌이다가 조사를 써서 상주에게 전했다. 진심 어린 사과의 뜻과 함께 조사를 전해 받은 상주가 하는 말이 '다 이해합니다, 괜찮습니다.'였다는 전언을 듣고 더 부끄러웠다. 문학단체를 함께 이끌고 키워 오면서 갖은 애환을 함께 했던 순간들이 주마등처럼 지나가면서 밤잠을 설치게 했다. 새벽에 장례식에 달려갈까라는 생각을 수없이 하면서 잠이 들었던가 보다. 눈을 뜨니 해가 중천이다. 우선 순위라기보다 양자택일이 더 적중할 것 같은 이 경우, 올봄 코로나19라는 불청객 때문에 여러 사람이 겪었을 고뇌였을 것 같다. 누구에게나 목숨이 하나씩밖에 없으니 어쩔 수 없다고 면죄부를 삼고 며칠을 보냈다.

호랑이를 피했더니 범을 만났다고 했던가? 옛말만이 아니었다. 딱 1주일 되는 날 문단의 거목 ㅁ 시인이 타계하셨다. 오래 병석에 계시다가 너무 힘들어 세상 줄을 그만 내려놓으셨나 보다. 현재 중책을 맡고 있는 문학단체의 회장을 일찍이 역임하신 대선배님의 문상은 일단 선택 대상이 아니었다. 내가 속한 단체와 한국문인협회가 공동 주최하고 두 단체장이 공동 장례위원장이 되어 대학민국 문인장으로 치르는 장례이니 책임상 적극 참예해야 하는 일이다. 만사는 마음먹기 나름이다. 막상 가야 하는 일이라 생각하고 갈등 없이 옷을 가려 입고 병원의 장례식장으로 향했다. 갈등 대신 먼저 간 글벗에게 미안하고 죄스러워 자꾸 얼굴이 붉어진다. 1주일 새에 코로나19 비상 상태가 많이 호전되어 확산세가 내리막이라고는 하지만 아직도 엄중한 시기임은 마찬가지인데 이렇게 훌훌 털고 일어서는 자신이 믿어지지 않을 정도였다. '미안해요, 죄송해요, 속물인지는 알았지만 이렇게 속물인지는 몰랐어요.' 책임감 때문이라는 명분만으로는 자신이 용서되지 않았다. 사람들의 이목에 신경이 쓰여 지금 이 길을 가는 것 아니냐는 자책이 따갑게 가슴을 치며 글벗에게 중얼중얼 사죄하면서 정신 나간 여자처럼 버스에 오른다. 지하철이 제일 무서운 대중교통 수단이 되어버린 때라 할 수 없이 흔들리는 버스에 오르려니 새삼스레 나이가 실감난다.

신촌세브란스병원 장례식장에 도착하여 대한민국 문인장을 경건하게 치러드리고 저녁까지 함께하고 돌아오는 길, 택시에 몸을 싣고 생각에 잠긴다. 사람이란 어떤 존재인가? 아니 앞길이 얼마인지는 모르지만 아주 조금밖에 남지 않았을 것은 분명한데 어떻게, 무엇을 해 놓고 가야 후회가 덜 될까? 분명 중요한 우선순위와 선택이 있어야 할 시점인데 지금 어디를 헤매고 있는가? 사람은 누구나 자기 숨이 끊어지는 그 순간까지 그런 일이 자기 몫임은 알면서도 아직 아닌 줄 알다가 당황하며 떠나는 존재라면 너무 심한 말이 되려나? 귀가 왕왕거리도록 질문이 쏟아진다. 너의 우선순위는 무엇이냐고.

2020. 3. 16.

역사의 거울 앞에서 한 해를 마무리하자

사람들은 언제부터인가 세월을 10년 단위로 잘라서 그 의미를 크게 부여하며 기억하고 기린다. 아마도 역사의 준엄함을 체험하면서 생긴 관습이리라. 올해는 그 10년 단위의 큰일들이 많아서 무슨 무슨 몇 주년이 유난히 많았던 해이다. 더 위로는 말고라도 1910년의 경술국치 110주년이 되는 해이다. 나라 잃은 치욕이 무슨 자랑이라고 기억하고 말고 하느냐고 한다면 큰 오산이다. 치욕을 기억하지 않으면 똑같은 치욕이 문을 엿보기 마련이어서 그렇다.

1950년의 6.25전쟁이 올해로 70주년이 되었다. 70년이면 옛날에는 우리의 평균수명을 웃도는 햇수이다. 그럼에도 우리의 허리띠는 여전히 풀리지 못하고 마음대로 질질 끌고 다니고 있지 않는가? 동족의 가슴에 총부리를 들이 대며 38선을 밀고 내려온 그들은 아직도 사죄는커녕 엉뚱한 소리로 오리발이다. 실향민과 이산가족들은 이제 북녘 하늘을 바라보기도 지친 지 오래다.

1960년의 4.19혁명이 60주년 환갑을 맞았으나 이 나라 민주주의는 요상하게 오락가락하는 모양새로 국민들 눈살을 찌푸리게 하고 있다. 1980년 5.18광주민주항쟁이 40주년 반세기가 가깝다.

아무려나 이런 큼직하고 의미 있는 기념일들을 여느 해 보다도 조용히 지낼 수밖에 없게 만든 중국 우한발 불청객 코로나19는 아직도 더 기승을 부리며 세밑의 인심을 불안하고 각박하게 만들고 있다. 사회적 거리두기로 인해 문인들의 모든 행사도 거의 정지 상태에 가깝다. 웬만한 모임이나 행사는 비대면으로 진행하는 지혜를 보일 수밖에 없게 되었다. 문학 기행도, 시 낭송 등 낭만적 잔치 자리도 모조리 차압당했다.

이런 와중에 단체들이 혹여 격식을 제대로 갖추지 않고 어설픈 위임으로 총회를 개최하는 만용을 부리는 일들도 있었겠으나 문인들은 대부분 선비답게 은인자중하며 오히려 글쓰기에 전념한 한 해였다고 생각한다.

본지는 독자들의 열화 같은 성원과 필진들의 적극적 참여로 좋은 글들을 많이 게재한 한 해여서 의미 깊은 해였다고 본다. 편집위원도 신진을 영입하고 젊은 피를 수혈받아 일신하였다. 새로운 아이디어와 참신한 기획으로 다양한 분야의 기사를 싣고자 노력하였다.

코로나로 만나지 못하고 살아야 하는 시대에 맞게 지면 토론회, 지상 대담 등의 비대면 프로그램을 개발하여 참신한 편집을 시도하였다. 그 반응은 실로 파격에 가까운 호응이었다. 독자들과 수필문학가협회 회원들께 특히 감사드린다.

매년 봄에 열리는 수필문학가 대화의 모임은 행여나 코로나가 잠잠해지나 싶어 연일 손에 땀을 쥐며 기다리다가 소수만을 모시고 방역지침에 맞게 행사를 치렀다. 6월 17일에서야 열린 이날 대회는 오시지 말라고 권유하기에 더 힘이 든 희한한 행사였다. 400석 규모의 천도교 교당에 겨우 144석밖에 의자를 들여놓지 못하는 것이 방역지침이었다. 불청객의 횡포를 인간으로는 어떻게 해 볼 도리가 없이 그야말로 속수무책이었다. 그래도 이런 어려움은 앙금 없이 지나간다. 인간이 사악하게 벌이는 못된 짓보다는 오히려 교훈적이고 깨끗하다는 생각을 무리 모두가 함께 한 한 해가 아니었던가 싶다.

이날 수필문학 추천완료 등단패를 받은 『수필문학』 천료작가들은 작년의 천료자들과 더불어 새 발행인 강병욱을 적극적으로 도와 『수필문학』의 지평을 훨씬 더 넓혀 나갈 것을 확신하며 다시 한번 축하의 인사를 보내는 바이다. 새 술을 새 부대에 담는 것은 여러 가지 의미가 있는 일이 아니겠는가?

『수필문학』 창립자이자 창간호에서부터 한 번의 결번도 없이 30년을 하루같이 월간 『수필문학』을 꾸준히 발간하며 수필문학이라는 숲을 키워 놓고 떠난 고 강석호 회장의 3년상을 치른 해이기도 하다. 이제 그 대를 이은 강병욱 발행인이 조심스레 내디딘 발걸음이 2년을 넘어서 3년을 맞이하게 된다.

30년을 묵묵히 『수필문학』의 온갖 궂은일에서부터 실제적으로 편집을 맡아 하고 모든 일을 섭렵하면서도 항상 뒤에서 보이지 않게 그림자처럼 일해 온 강 발행인의 행보를 가슴 조이며 바라보던 수필문학가협회 회원들은 가슴을 쓸어내리며 탄성에 가까운 찬사를 쏟아내고 있다. 『수필문학』이 다양해져서 좋다. 편집이 새롭고 특색이 있다는 게 중론인 것 같다. 이 모든 것이 독자들과 필진들, 그리고 『수필문학』의 발전을 위해 열과 성을 다해 후원해 주시는 여러분들 덕택이다.

새해를 계획하기 위해 한 해를 돌아보며 솔직하게 토로하고 확인하는 것이 12월의 의미라고 생각되어 소회를 말해 보았다. 새해에는 더욱 일신하여 새로운 필진으로 확대할 것이며 문학지가 갖는 특성을 살리면서도 다양한 기획으로 문학동인지 같아지기 쉬운 안일함을 떨치고 과감하게 잡지로서의 특성을 잘 살려 나가도록 노력해 주기 바란다.

코로나19라는 불청객과 싸우시느라 애쓰신 여러분들에게 올해는 그래도 다수의 지원금이 지급되어 출판의 기쁨을 누리시게 되어 얼마나 다행인지 모르겠다. 『수필문학』이라는 천막 안에 함께하며 뜻을 모은 덕택이라고 생각하여 더욱 고맙다. 지난해 본지를 통해 문학 지원금 확대를 강력히 요청했는데 답이 시원하게 돌아온 것 같다.

작가는 작품으로 말한다. 내년에는 밉상인 코로나19가 쫓겨가고 집콕으로 글쓰기에 전념했던 습관을 살려서 훌륭한 걸작을 빚어 『수필문학』이 더욱 풍성해지기 바란다. 역사는 그 안에서 자신을 성찰함이 중요하다. 우리 독자와 필자들이 역사의 거울 앞에서 겸허하게 이해를 마무리하고 행운의 새해 맞이를 준비하는데 신의 가호가 함께하시기 바란다.

2020.11. 22.

왜 우리말을 쓰면 촌스럽다 할까?

입마개를 찾아 쓰고 집을 나선다. 불청객 신종 코로나 바이러스가 전염된다고 나라가 온통 초긴장이다. 미세먼지가 극성을 부려도 좀체 입마개를 하지 않고 다니는 터였는데 이번에는 사정이 다르다. 갑갑해도 할 수 없이 입코를 고이 가리고 다닐 수밖에 없다.

마스크를 매점매석한다고, 처벌한다고, 중국인들이 마스크를 무더기로 사 간다고, 뉴스가 연일 소식을 전하는가 하면 전염을 막고 개인 건강을 위한 수칙으로 손 씻기와 마스크 쓰기를 열심히 전하고 있다. 그래 손 씻기처럼 입마개라는 훌륭한 우리말이 있는데 왜 마스크라고 말하고 적으면서 난리들일까?

언제 우리가 입마개라고 했느냐, 처음 들어본다, 하며 힐책할지 모르겠으나 왜 우리말이 없다고 하나? 귀마개가 있지 않은가? 추위를 막기 위해 귀를 덮어씌우는 것이 귀마개라면 외부의 어떤 위해로부터 코와 입을 가리기 위해 쓰는 물건이 입 코마개이겠으나 간편하게 입마개라고 하면 무엇이 잘못되었단 말인가?

지금처럼 끈을 달아 만든 모양의 입마개는 서양에서 들어온 것이겠지만 우리 옛사람들도 추우면 목도리를 길게 해서 입 코를 가리게 하고 눈만 내놓고 둘둘 싸서 얼굴을 가렸다. 귀가 시리니까 귀마개를 따로 만들어 써서 그 이름이 귀마개이다. 이런 맥락에서 입코마개가 얼마나 자연스러운 이름인가 말이다. 또 이런 마스크와 용도의 복면도 마스크에 들어가는데 우리도 그것은 복면이라 했고 서양인들은 그 또한 마스크이다. 마스크의 뜻에는 그 외에도 얼굴 모양새 윤곽 같은 개념도 들어가 있어서 우리가 입마개만을 지칭하는 것과는 다른 것만 봐도 우리의 입마개가 훨씬 적확한 낱말이라고 생각된다.

우리는 외래 문물이 들어올 때 그들의 외국 이름이 붙여져 오는 것을 아무 생각 없이 그대로 불러주고 그것이 그 낱말로 정착돼 버리게 하는 큰 죄를 지으면서 살아왔다. 무슨 죄냐고 묻는다면 한글 모독죄라고 부르고 싶다. 새로운 기술이나 어떤 것들이 들어올 때 바로 우리 한글로 이름을 지어 붙여야 그것이 생활화되면서 자연스럽게 정착될 텐데 그 기회를 놓치고 살아왔다.

친구들에게 하나씩 선물하려고 약국에 들어갔다. 입마개 좀 달라 하니까 멍하니 한참 쳐다보더니 아아 마스크요오 하면서 들고 나온다. 마스크가 아니라 입마개에요 하면서 카드를 내밀었다. 결제기에 카드를 꽂으면서 슬금슬금 쳐다보더니 한마디 한다. 손님한테 처음 듣는데 어디 사투리에요? 한다. 사투리가 아니라 순수한 우리말이에요 그렇게 부르세요. 더 길게 설명을 해봐야 비효율적일 것 같아 기정사실화하는 것으로 교육(?)을 끝내고 나왔다.

말은 사람들의 입을 통해서 오가면서 정착되고 새로운 낱말이 자리 잡는다. 이런 우리말 낱말 짓기도 뜻있는 사람들이 정해서 인내심을 가지고 끈질기게 사용을 넓혀 나가면 우리말의 낱말이 자리 잡아 나가고 정착되어 자연스럽게 불려지리라 확신한다.

우리말 낱말을 쓰면 촌스러워 보인다고 하는 낱말들이 많지만 탓하기보다 그냥 계속 쓰는 일을 밀고 나가는 인내심과 자신감, 그리고 사명감과 한글에 대한 자부심이 필요하다고 생각한다.

나는 입마개를 열심히 부르고 불러야 한다고 설득하며 지낼 것이다. 훌륭한 한글을 만들어 주신 세종대왕님께 대한 최소한의 보은이라 생각하며 즐겁게 지속할 것이다. 한글로 낱말 만들기라는 내 나름의 일을 열심히 함께하자고 친구들을 끌어모으는 일, 그리고 쓸 수 있는 한 의견을 쓰고 주장하는 일 또한 게을리하지 않으려 한다.

그나저나 입마개를 어서 벗어 던질 날이 빨리 와야 할 텐데 자꾸 번져가는 것 같아 걱정이 태산이다.

2020. 2. 21.

지금도 살아 있는 절규

나는 광주 산곡을 헤매이다
문득 혼자 죽어 넘어진 국군을 만났다

산 옆 외따른 골짜기에 혼자 누운 국군을 본다
아무 말, 아무 움직임 없이 하늘을 향해 눈을 감은
국군을 본다

누른 유니폼 햇빛에 반짝이는 어깨의 표식 그대는 자랑스런
대한민국의 소위였고나…

가슴에선 아직 더운 피가 뿜어 나온다
장미 냄새보다 더 짙은 피의 향기여!

엎드려 그 젊은 주검을 통곡하며
나는 듣노라! 그대가 주고 간 마지막 말을…(중략)

이 시는 모윤숙이 6.25전쟁 중 피난을 못 가고 서울에 갇히게 되어 피신하고 숨어다닐 때 경기도 광주 산곡의 야산에서 국군의 시체를 보고 쓴 시이다. 그의 회고에 의하면 피해 다니다 지칠 대로 지쳐 이제 죽어야겠다고 품고 다니던 약을 입에 털어 넣고 생을 마감하려던 순간 죽어 있는 국군의 앳된 얼굴과 어깨의 계급장을 보면서 불현듯 저 죽음을 헛되게 하지 않으려면 살아서 나라를 구하고 지켜내는 일을 해야 하는 것이 사명이라 생각되어 약을 팽개치고 굵은 나뭇가지를 주워 땅에 국군은 죽어서 말한다고 썼다. 얼마 후 눈을 떠 보니 어느 시골집 방에 누워 있더라는 것이다. 기진해서 쓰러진 모윤숙을 마침 산에 왔던 동네 사람이 발견하여 업어다 눕히고 간호해서 회생시킨 것이다. 물부터 마시라는 주인에게 연필과 종이를 먼저 달라고 청해서 정신없이 써 내려간 것이 이 「국군은 죽어서 말한다」는 기막힌 시다.

여학교 시절 국어 교과서에 실린 이 시를 처음 읽고 배우면서 많이 울었고 대학 시절 모윤숙의 육성으로 방송에서 흘러나오는 회고를 들으면서 더 많이 울었다. 이제 팔순이 되어 6월이 되어도 이 시를 어디서도 들을 수 없음에 소리 없이 운다. 박두진 작시의 6.25의 노래 「아아 잊으랴 어찌 우리 그날을」이 개사되었다는데 이 시는 국군은 살아서 말한다로 개사할 수 없어 아예 6월 호국의 달이 되어도 귀를 씻고 들으려 해도 침묵하고 있는가?

통일이 이루어져 그야말로 어서 잊어야 할 과거지사가 되었다면 얼마나 좋으랴. 그러나 우리는 지금도 불화로를 머리에 이고 있는 분단 휴전국이다. 이런 현실과 우리의 사고의 현실은 너무 괴리가 큰 것 같아 혼자서 울먹이며 '너는 자랑스런 대한민국의 소위였고나'를 곱씹고 앉아 있다. 이런 청승스런 할매들이 다 죽고 나면 이 노래도 아예 묻혀버릴지 모른다.

시의 중반에 나오는 그가 사랑하던 소녀는 피맺힌 가슴을 안고 요절했을까? 아니면 말도 못한 채 한을 가슴에 묻고 평생을 아파하다 세상을 버렸을까? 아니면 지금도 살아 그리움의 노예가 되어 있을까? 시를 읽으며 울기만 했지 그런 생각을 이제야 하는 것이 미안하기도 하고 철이 늦게 든 것 같기도 하다.

죽음을 생각하던 시인의 귓가에 들렸던 그 소위의 말들을, 당부를 우리는 얼마나 성실히 이루어 주었는가? 대답은 각자의 가슴에 하라. 양심에 하라. 힘을 다해 나라를 지키려 싸우다가 기꺼이 죽노라는 절규가 헛되지 않은 오늘인지 깊이 생각해 볼 일이다. 누구에게나 하나뿐인 목숨을 초개 같이 버릴 수 있었던 그런 젊음들이 있었기에 오늘 우리가 어깨 펴고 살건만 과연 우리는 그런 기억조차 제대로 하면서 살고 있는가? 그 많은 매체들이 왜 6월에 이 시 한 편을 국민 가슴에 새겨주는 일에 이리도 인색한지 누구에게 물어야 할까? 자료를 검색하면 반공시라고 나온다. 그것이 이 시를 침묵시키는 이유가 아니기를 바란다.

가슴에선 아직 더운 피가 뿜어 나온다
장미 냄새보다 더 짙은 피의 향기여!

엎드려 젊은 주검을 통곡하며
나는 듣노라 그대가 주고 간 마지막 말을…

2021. 6. 8.

4

누구를 위하여

꿈은 언제나 좋아

짐작은 하고 왔지만 역시 아무도 없다. 하늘에 무심한 구름만 두둥실 떠 있고 그 아래로 빈 동산만 덩그마니 앉아 있다. 반세기 전 그 황량하던 산과는 다른 느낌으로 다가오는 것은 무슨 연유일까? 젊음이 고스란히 묻혀 있는 곳이어서일까? 그것만은 아닌 것 같다. 이곳에 국립한국문학관이 들어설 것이라는 희망이 있어 그런 것 같다는 게 더 맞는 대답일 것 같다.

따가운 햇살을 등에 지고 흙더미만 보이는 산 쪽으로 올라가 본다. 약간 동떨어지게 자리 잡은 산이라 접근이 쉽지 않다. 내려다보고 싶은 생각을 접고 올려다보는 것으로 만족하기로 했다. 비스듬히 올려다보이는 흙더미를 보면서 마음은 정다운 골목길을 걷고 있다. 두 아이의 손목을 잡고 딸 아이의 재잘거림을 노래 삼아 들으면서 걷는 기분에 취해 한참을 서 있었나 보다. 그래 여기 이제 새로운 시대가 열리는 거야. '얘들아 너희들의 고향 땅에 이 나라의 국립문학관이 들어서고 문화의 메카로 재탄생된단다.' 또로로록, 이름 모를 산새 한 마리 초로의 아낙을 반겨준다. 새가 울 시간이 아닌데 허위 단심 빈터를 찾아온 늙은이가 대견해서 찾아왔나 보다.

「접시꽃 당신」이라는 시로 세인의 심금을 울렸던 시인 도종환 의원이 발의하여 통과된 문인 복지법에 의해 국립한국문학관을 건립키로 한 정부가 부지 선정에 착수해서 여러 가지의 검토를 거친 결과 이곳 옛 기자촌 부지가 건립 후보지로 낙점될 가능성이 높은 2배수 안에 들어갔던 것이 2015년의 일이다. 북한산을 끼고 있는 수려한 경관과 은평뉴타운의 야심작 중 하나인 한옥마을 등과 어우러져 비어 있는 옛 기자촌 터는 적지 중 적지로 꼽혔다. 마치 예비되어 기다리고 있는 땅 같을 정도였다. 호사다마라 했던가? 거의 결정 직전에 지방자치단체 중 한 곳이 지방분산을 이유로 이의를 제기하고 나오면서 여러 지자체가 봇물 터지듯이 유치 의사를 밝혀오자 문체부는 공모에 들어갈 수밖에 없이 되었다.

은평구는 꾸준히 왜 은평이 적지인가를 널리 알리는 일에 주력하고 정지용 시인의 초당 자리에 표지판을 설치하는 등 수많은 문인들이 살다 간 곳 은평, 오늘도 많은 문인이 살고 있는 은평을 제대로 알리기에 온 힘을 쏟고 있다. 또한 그 대상지역이 역사적인 기자촌이 있던 곳임도 특색 중의 하나여서 경쟁력이 있다고 보고 적극 홍보 중이다. 오늘은 그 기자촌을 만들고 살아왔던 언론계 원로들을 비롯한 기자촌의 옛 주민들을 초청해 홈커밍 잔치를 벌인 날이다. 마음은 이곳에 와 있었지만 학교 강의를 마치고 이제야 빈터에 와 서 있는 것이다. 시간으로 보아 아무도 없이 다 헤어지고 난 후일 줄 알았지만 안 오고는 배길 수가 없었다.

1966년 이곳에 터를 정하고 기자촌을 만들 때는 홍안이었다. 아이를 낳아 기르는 동안 살림도 늘고 지위도 올랐다. 세상 재미도 많이 보고 어려움도 겪었지만 희망이 있고 꿈이 있었다. 옆집도 그랬고 앞집도 그랬다. 같은 직업의 사람들이 한 마을에 모여 산다는 것은 그 자체가 흥미로운 일이었다. 누구네 집 된장찌개가 끓고 있는지 알아챌 정도로 한 식구처럼 지내는 것이 마치 농촌 같은 정경이었다. 정세가 격변을 겪을 때마다 정계는 기자들을 발탁해 가는 바람에 국회의원과 장관들을 여럿 배출했다. 언론계를 떠나 국정에 참여했던 분들이나 언론사에서 정년을 마친 분들이나 이제 그때 사람들은 모두 책임을 벗은 자유인이 되었다. 머리에 서리를 이고 풋풋하던 얼굴은 연륜이라는 이름의 계급장이 나름의 그림을 그리고 있어 홍안은 간 곳 없어진지 오래다. 마음만 더 없이 푸르고자 할 뿐이다.

이상적 마을의 전형을 만들어 보겠노라 야심차게 세웠던 당초의 계획이 무산되어 각종 시설을 다 갖춘 마을은 아니었으나 길이 넓고 쾌적한 골목들이 일품이었던 기자촌은 고운 꿈으로 고스란히 가슴에 남아 있다. 이제 그곳이 또 다른 꿈을 꾸기 시작한 것이다. 이곳에 언론기념관과 국립한국문학관이 들어서면 지금 모였다 흩어진 옛 주인공들은 하늘에서도 기쁜 마음으로 이 동산에 와서 놀다 갈 것 같다. 국민의 알 권리를 위해 일생을 바친 사람들이나 인간의 진정한 삶의 궤적을 따라 작품을 쓰는 일에 혼신의 힘을 다 쏟은 문인이나 같은 꿈을 꾼 사람들 아니겠는가?

기자촌 옛터라는 까만 돌비에 최초로 이 마을을 만들고 들어와 살았던 당시의 언론인들 이름 석 자가 빼꼭히 새겨져 있다. 이름을 확인하고 입가에 미소가 번진다. 그래 여기 흔적을 남겼으니 이제 죽어서 묘지가 없어도 섭섭하지 않을 것 같아서이다. 북한산의 정기를 받아 아이들도 잘 자라주었으니 보람 있는 삶들을 살아 주리라 믿는다. 구름은 무심하게 흘러오면서 꽃이 되었다, 아이가 되었다 변화무쌍한 춤판을 벌인다. 북한산 줄기를 따라 시선을 옮기는데 저만치서 남편이 웃으며 걸어온다. 아, 언제 와 있었느냐며 발을 떼는 순간 나뭇잎 하나 눈썹을 훑으며 떨어진다. 그래 그는 떠났지, 아무도 없지만 그가 왔으니 됐다. 이제 내려가도 좋을 것 같다. 뜨거운 여름 햇살도 오늘은 좋기만 하다. 머리에 서리를 이었어도, 홍안이 노안이 되었어도 새로운 꿈을 꾸며 발길을 돌린다.

2016. 6. 20.

누구를 위하여

사람이 한평생을 자세히 들여다보면 모두가 일의 연속이다. 우리는 일이라고 하면 노동을 먼저 떠올리기 십상이지만 사람이 움직이고 생활해 나가는 그 자체가 다 일이다. 그 많은 일을 하면서 목적을 세워 놓고 하는 일보다는 그저 일상으로 하고 지내는 일이 더 많다. 그 일들이 모여서 구체적으로 세웠던 목표를 이루어 내기도 하고 더러는 미처 세우지 못했던 목적 달성을 이루어 내기도 한다.

베란다에 내놓은 화분에 물을 주다가 깜짝 놀랐다. 군자란이 꽃을 다 피우고 시들어 가고 있는 게 아닌가? 얼마나 무심한 주인을 만났으면 그 고운 자태를 보고 찬사를 보내는 이 하나 없이 외롭게 혼자 꽃을 피우고 지고 있단 말이더냐. 구석에 놓이긴 했지만 지난주에도 분명히

물을 주었는데 얼마나 무관심하게 무슨 의무 이행처럼 물만 주고 지나쳤으면 꽃이 핀 줄도 몰랐을까? 식물도 사랑을 해야 잘 자라고 대화를 하며 키워야 한다는데 이거야 그러기는 고사하고 물 주는 것을 잊어버릴까 봐 토요일 오전으로 정해 놓고 그것을 지키는 일에만 안간힘을 쓰고 지내다 보니 이런 우스꽝스러운 일이 벌어진 것이다.

주인이 자신의 개화를 알아보거나 말거나 꽃은 유유히 자기 할 일을 다 하면서 열심히 임무 수행에 여념이 없어 보인다. 꽃잎이 시들기 시작하면서 자신이 스러져 가는 것을 안타까워하는 게 아니라 씨로 맺힐 거룩한 순간을 위하여 기꺼이 낙화를 준비하고 있는 중이다. 바로 옆에 의연하게 씨로 굳어져 튼실하게 버티고 서 있는 형님을 바라보며 어서 빨리 저리 되기를 기다리고 있는 그는 이미 시드는 꽃이 아니라 자신의 목적 달성을 위해 마지막 힘을 다 내고 있는 중이다.

꽃은 묵묵히 자기 일을 할 뿐인데 사람들이 보고 마치 자기를 위해 피어난 양 찬탄하고 지는 꽃에 작별을 고하고 마음껏 짝사랑을 하고 있는 셈이다. 그러거나 저러거나 미안한 마음은 쉽게 가시지 않는다. 화무십일홍이라지만 그래도 군자란 꽃은 약 두 주일쯤은 주위를 환하게 해 주는 것 같았는데 그 긴 날 동안 돌아보지 못했다는 미안함은 죄책감이 되어 얼굴을 붉게 만든다. 꽃을 기를 자격이 없어, 차라리 꽃을 좋아하는 사람에게 보내주어, 등등 회초리가 따갑다. 나도 꽃은 좋아한다고 볼멘 변명을 하면서 반쯤 남은 꽃송이에 가벼운 목례로 사과를 대신한다.

우리네 인생살이나 저 화초 하나의 한살이나 별로 다를 게 없다는 객쩍은 생각이 덜미를 잡는다. 최선을 다해서 꽃을 피워 올리지만 어떤 꽃은 사람들 눈에 띄어 극찬을 받고 사랑을 받는가 하면 어떤 꽃은 지금 저 꽃처럼 혼자 피었다가 홀로 지는 신세도 있다. 사람도 다 자기 선 자리에서 최선을 다하며 살아가지만 누구는 사람들의 시선을 한 몸에 받으며 일거수일투족이 선망의 대상이 되는 사람도 있고 그렇지 못한 경우도 있다. 대부분의 사람들은 그저 묵묵히 홀로 피었다가 혼자 지는 그런 삶을 살다 간다. 열심히 공부해서 밥벌이를 하고 짝을 만나 자식을 낳아 기르며 그 뒷바라지에 혼신의 힘을 다하다가 그들을 성가시키고 허리를 펼만 하면 몸이 말을 듣지 않아 인생을 즐길 힘이 없게 된다.

한평생 사는 동안 자신이 하는 일이 세인의 관심을 끌고 세상에 유익을 끼치고 많은 사람들을 행복하게 해 주는 인생도 있지만 그렇지 못한 경우가 대부분이다. 그 부류에 들지 못했다 해도 그 나름대로 다 할 일을 열심히 하고 살다 가는 것이다. 그런데도 출세했다, 성공했다 하는 기준은 얼마나 사람들 눈에 띄었느냐의 잣대로만 재어지는 것이기에 허무한 생각이 들게 되는 것은 아닌지 모르겠다. 그래, 너는 어떤 생을 살았냐고 꽃이 묻는다. 역사에 이름을 남길 만큼 유명해지지도 못했고 많은 사람들에게 크게 유익을 끼칠 만큼 큰일을 한 것도 없으니 성공하고는 거리가 먼 삶이었다. 그저 소시민으로 열심히 살아온 것뿐이다.

그것이 서러웠는데 가만히 생각해 보니 당당해도 괜찮을 삶을 살아온 것 같기도 하다. 사람들의 눈에 크게 띄지 못해서 그렇지 나름대로 행복하게 살았고 무엇보다 남매를 낳아 잘 길렀으니 그것으로 족하지 무엇을 더 바라랴. 군자란 화분을 꽃이 잘 보이게 돌려놓고 튼실하게 맺혀 있는 열매 덩이를 본다. 자신감 넘치게 버티고 서서 도도하게 말한다, 나는 할 일을 다 했노라고. 그래 바로 그거다. 나도 할 일을 다 했노라고 중얼거리며 꽃을 다시 쳐다본다. 저 꽃이 보아 줄 누구를 위하여 핀 것이 아니듯이 사람도 자기를 보아 줄 누구를 위하여가 아니라 자신을 위하여 주어진 삶을 열심히 살다 가는 것이다.

우리 모두 성공한 거다, 축하한다, 홀로 피었던 군자란이 활짝 웃는다. 입가에 번진 미소가 껄껄 웃음이 되어 거실을 유쾌하게 가득 채운다. 누구를 위하여 태어난 게 아니었던 거야 애당초부터 말이야.

2020. 1. 26.

눈 비비는 사자

이 세상에 무엇 하러 이렇게 나라가 많을까? 크기는 또 들쭉날쭉 대중없으니 크고 작은 나라들이 어울려 살아가느라 힘이 든다. 객쩍은 생각 같지만 우리 같이 땅덩이가 작은 나라로서는 결코 관심 밖의 일이 될 수 없는 명제이기도 하다. 우리나라는 거대한 면적의 중국 옆에 위치한 반도이다. 그나마 허리가 묶여 반 동강이 난 지 75년이 돼 간다. 압록강을 사이에 두고 다리 하나 건너면 중국인데 우리는 아주 먼 나라 같이 비행기나 배를 타야만 갈 수 있는 형편이 되어 버렸다. 이런 지정학적 위치뿐만 아니라 실제적으로 여러 상황에서 가깝고도 먼 나라인 중국을 우리는 얼마나 알고 있을까? 이웃을 바로 알지 못하면 큰 코를 다칠 수 있건만 우리는 그들을 잘 모르고 있다. 아는 것 같지만 그것은 겉만 보고 안다고 착각하고 있는 것은 아닌지 모르겠다.

한국 수필문학가협회와 월간 『수필문학』은 올해 기미 3.1운동 100주년 사업으로 대한민국임시정부가 첫 둥지를 틀었던 상해를 찾아 떠나는 역사문학 기행을 기획하였다. 18명 일행을 모시고 포동공항에 내렸다. 하염없이 기다린 끝에 겨우 입국 심사를 마치고 나온 공항의 인상은 그저 그랬다. 엄청 큰 공항이라는데 그 한 부분밖에 못 보아서 그런가? 우리 인천공항이 워낙 규모가 크고 시설이 좋아 그런지 어지간한 시설쯤은 눈에 차지 않음인가 싶은 생각이 드니 격세지감을 느낄 수밖에 없다.

첫 방문지 임시정부 청사의 좁고 가파른 계단을 오르며 절망에서 희망을 잃지 않았던 선열들의 애국심과 확신에 전율을 느꼈다. 그 좁은 공간에 요인 숙소를 마련해 놓았다. 윤봉길 의사도 여기서 하루를 묵었을까? 어떤 침상이었을까? 공연히 두리번거렸다. 목숨을 걸고 독립운동을 했던 수많은 애국지사들의 헌신과 희생 덕에 오늘 어엿한 독립국 대한민국의 백성으로 어깨 펴고 살고 있음이 미안하고 감사했다.

프랑스 조계지였던 임시정부청사 근처는 지금도 100년 전 그 때의 건물들을 그대로 지니고 고즈넉이 앉아 있다. 청사는 비록 좁은 골목 안이기는 하지만 몇 발짝만 걸으면 대로에 인접해 있어 절묘한 위치 선택이었다는 생각도 들었다. 100년 전의 모습 그대로 있다는 거리를 걸어 신천지라는 중심지 쪽으로 걷는데 노상 까페와 레스토랑들에 서양 관광객들이 가득 앉아 식사하고 차 마시며 즐기고 있다. 거기 주저앉아 즐기고 싶은데 앞서가는 깃발이 걸음을 재촉하라니 아쉬운 마음을 달래며 앞으로 나아갈 수밖에 없었다.

유럽처럼 이들도 침략 당했을 때의 흔적들을 고스란히 간직하고 있어 그것이 관광자원이 되어 있는 것을 보면서 우리의 반대현상이 떠올라 착잡해진다. 이렇게 남의 나라를 유린했다는 역사의 실증을 무언으로 보여주는 흔적들을 이들은 이토록 잘 이용하여 역사의 교훈과 고발과 실익이라는 일석삼조의 효과를 누리는데 우리는 남대문로의 일본 자취를 다 헐어 버렸다. 일본이 우리를 영원히 집어삼키려고 서울에 리틀 도쿄를 건설했던 그 현장을 우리 손으로 없애버려 증거를 인멸하고 말았다.

뤼순공원으로 이름이 바뀐 옛 홍구공원으로 윤봉길 의사를 만나러 갔다. 폭탄을 던져서 거사를 성공시킨 그 자리에 돌 기념비를 만지니 윤 의사의 뜨거운 피가 온기로 전해지는 듯하다. 윤 의사의 기념관 매헌당에서 간단한 추모식을 마치고 돌아서는 마음이 무겁기만 하다. 24살의 꽃다운 목숨을 초개 같이 던진 저 어른의 뜻에 합당하게 살아가고 있는가? 우리는 지금, 아니 나는, 도리질을 하며 걷는데 유난히 맑은 하늘의 흰 구름이 핏빛처럼 서럽다.

101층 유리 바닥 위에서 내려다보는 상해의 전경은 입을 다물 수 없게 만든다. 그 유명하다는 동방명주도 발아래 굽어보는 파이낸셜빌딩 101층, 산이 없는 지형이라 더 넓어 보이겠지만 가늠이 잘 되지 않아 '남산타워에서 내려다보는 것보다 넓죠?'라고 했다가 글벗에게 면박만 당했다. 25년 전 세계 여성대회에 참석차 베이징에 갔을 때 꿈틀거리는 중국을 느껴 북경의 여명을 썼는데 이거야 꿈틀 정도가 아니라 4반세기 만에 사자가 눈을 비비고 서 있는 게 아닌가? 거리는 살아 숨 쉬고 사람들은 활기차 보였다.

오늘도 쾌청이다. 상해의 날씨에 이렇게 맑은 날이 65일 정도라는데 연이어 맑음이니 복 받은 게 분명하다. 항주의 서호 한가운데 유람선에 앉아 보니 소동파, 백거이가 문인임이 자랑스럽다. 홍수 조절과 농업용수를 위해 수나라 때 만들었다는 이 거대한 호수의 준설을 이 두 시인이 목민관으로 왔을 때마다 이루어 냈으니 역시 문인이 정치에도 달인이 아닌가. 둘레가 15km나 되어 한 바퀴를 도는데 3시간 반 정도가 걸린다는 이 거대 호수, 20만 명이 동원되어 3년이나 공사 기간이 걸렸다는데 지금도 물을 한 번씩 갈아 내는데 30일이 걸린다니 그 위용을 짐작할 만하다. 중국 10대 절경에 이름을 올리고 있는 호수가 인공호수라니 기가 막힌다. 소동파의 적벽부가 들리는 듯하다. 우리도 최치원이 홍수를 다스리기 위해 함양에 목민관으로 갔을 때 상림을 조성했는데 이들처럼 관광객을 불러들이지는 못하는 현실이 아쉽다. 동파육으로 점심을 먹고 송성 가무쇼를 즐겼다. 거대한 규모가 압도하는 공연 중에 자신들 역사 속의 전승 장면을 그린 무대의 대규모 군단의 모습을 보면서 6.25전쟁 중의 중공군 인해전술 장면인 듯하여 등골이 오싹함은 늙은이 망령이었으면 좋겠다.

눈 비비는 사자의 꼬리 털끝 하나 정도도 못 보고 가는 3박 4일의 일정이 이제 끝나는 순간이다. 공항에서 남은 과자 봉지를 털어서 나누어 먹던 중에 옆자리의 사람이 우리나라 사람 같아서 과자를 권했다. 고맙다고 답하기에 반가워서 한국인이냐고 물었더니 단호한 말투로 한국 사람, 중국국민이라고 답하는 게 아닌가? 아아 그래 우리만 동족이라는 낭만에 젖어 이러쿵저러쿵 하지만 저들은 중국인이 앞서지 않는가? 정신 똑바로 차려야 눈을 비비고 일어서는 중국을 제대로 대할 수 있을 것이다. 그가 눈을 크게 떴을 때 우리는 어떤 지혜로 마주 대하며 공존하고 평화를 누릴 수 있을 것인가?

2019. 6. 27.

도심 속의 딴 세상

목인 미술관이라는 이름을 처음 들으면서 제주의 목석원을 떠올렸다. 왜 그랬는지는 모르겠으나 나무와 돌들을 주로 모아 놓았다는 말을 들어서 그랬던 것 같다. 아무튼 이름이 묘한 호기심을 일게 하는 바람에 사전 답사를 갔다. 창의문로라고 되어 있는 주소를 들고 찾아 나선 길은 제대로 안내표지판도 있긴 한데 들어갈수록 이게 맞는 길인가 싶어 몇 번이나 걸음을 멈추었다. 인적이 없는 주택가 골목길인데 어찌나 가파르고 험한지 되돌아가려다 참고 쉬며 걸어 올라갔다. 박물관에 들어서서 보니 인왕산 정상이 코앞이다.

도심 속에서 딴 세상에 온 것 같은 느낌이 탐방을 결정하게 했다. 운동화를 신고 각오를 단단히 하고 오라는 안내장을 보내기로 하고 4월 27일 10시 반에 부암동 주민센터 앞에서 만나기로 했다. 시간 지켜 와 준 회원들 덕택에 순조롭게 일정을 시작했다. 오는 순서대로 택시를 함께 타고 미술관까지 올라갔다.

야외에는 주로 묘 앞에 세우는 석상들과 돌 조각품들이 자리했는데 우리나라 것은 별로 없고 중국 것이 많았다. 우리 것은 문화재들이어서 가져다 놓을 수 없을뿐더러 원형을 본떠서 만든 작품들은 없었다. 미술관 이사장의 자세한 설명을 들으며 돌들을 둘러보고 지하로 내려가 상여를 비롯한 사람의 일생에 관련된 목 조각품들과 인형 등 갖가지 모양의 여러 작품들을 돌아보며 설명을 들었다.

상여는 옛날에야 동네에 상이 나면 으레 보는 것이어서 친근하다 할 물건이었다. 1960년대까지만 해도 종로3가의 민속 관련 물품을 취급하는 가게에 상여가 진열되어 있었다. 동네에는 상가 등을 내건 상부도가가 있었고 상이 나면 그 집에 가서 장례절차를 부탁하곤 했다. 그런 집들에서 종로3가에 와서 상여들을 빌려다가 장례를 치러 주었다. 종로3가의 그 가게 앞을 지날 때면 공연히 머리가 쭈뼛거리기도 했는데 정확하게 몇 년도까지 있었는지는 기억할 수 없다. 이제는 장례를 집에서 치르지 않고 병원의 장례식장에 가서 치르게 되고 자동차를 이용하면서 상여는 기억에서조차 사라진 지 오래다.

상여에는 꽃과 여러 모양들이 새겨지고 그려져서 마지막 가는 길에 호사를 하는 셈이다. 신분에 크게 차이 없이 세상 뜨는 길에는 호화로운 가마를 너도나도 같이 타고 가는 셈이다. 예나 지금이나 죽음 앞에서는 모두 평등하고 낮아지기 마련인가 보다. 요즘에는 리무진을 타고 떠나는 것이 최고의 호사였는데 이제 그마저 거의 대중화되어 버린 지 오래이니까. 상여에 그려진 아름다운 꽃과 형상들을 보면서 왜 마음은 처연해지는지 모르겠다. 얼마나 무섭고 떠나기 싫은 길이었으면 저토록 고운 가마에 태워 보냈을까 싶은 생각에 콧날이 시큰해진다. 천국을 바라보고 소망한다 하지만 매달려 살아도 이 세상이 좋다는 속설이 더 가깝게 느껴지는 게 인지상정이다.

상여 앞을 떠나 소품 전시실로 나오니 우리네 생활상의 여러 모습을 다양하게 새기고 만들어 놓은 각종 인형과 목공예품이 눈길을 사로잡는다. 사람이 물구나무 서 있는 형상을 새긴 아주 작은 목공예품이 궁금해 물으니 살판이란다. 살판? 무언가 생각날 듯도 하고 전혀 집히는 데가 없기도 해서 물으니 줄타기 놀이의 12가지 재주 중 한 가지로 물구나무서기가 있는데 그 재주의 이름이 살판이란다. 거기서 살판 죽을 판이라는 말이 나왔나 보다 싶으니 해학적이라는 생각이 든다.

안성의 줄타기 공연장에 갔을 때 그 공연을 손에 땀을 쥐면서 구경하고 함께 사진을 찍을 때는 극도의 존경심으로 그 기능 보유자들을 바로 쳐다보기조차 아까웠던 기억이 새롭다. 그날 공연 중 줄타기만 선명히 기억에 남아 있고 그 외의 장면은 떠오르지 않는다. 분명 그날 살판을 구경했을 텐데 말이다. 살판, 아무래도 해학적이고 의미심장한 이름이 아닐 수 없다. 오늘도 역시 살판에 꽂혀 다른 것들은 눈에 들어오지 않아 고개를 갸웃거리며 살판만을 읊조리며 전시실을 나왔다.

다시 야외로 나와 돌과 나무 등으로 자연경관과 어울리게 잘 조성된 광장에 앉아 김 이사장의 마무리 설명을 들었다. 날씨가 해도 나지 않아 야외에서 활동하기 딱 좋았다. 서울 성곽이 담장 노릇을 하는 광장에 앉아 인왕산을 보노라니 서울 한복판이라는 생각이 전혀 어울리지 않는 느낌이다. 처음에 답사 왔을 때 가졌던 부정적인 생각, 뭐 이렇게 불편한 곳에 박물관을 만들다니 이건 너무한 거야, 라고 속으로 일갈했던 그 생각이 자취 없이 사라졌다. 서울 시민을 위한 커다란 배려라는 정반대의 생각이 밀고 올라오는 것이다. 이렇게 사람이 얍삽할 수가 있을까? 도심에서 몇 발짝만 걸으면 기막힌 자연경관과 역사와 선조들의 생활상을 한눈에 볼 수 있게 모아 놓고 관리하는 김 이사장이 새삼 존경스러워지고 있는 순간이다. 아마도 상여를 보면서 분수를 알고 많이 작아진 모양이니 오늘 나들이는 잘한 것 같다. 음식이야 어디가 기원인들 맛있으면 되는 거 아니겠느냐고 마음을 다스려가며 입에서 살살 녹는 초밥 맛을 즐기느라 눈까지 게슴츠레해진다.

아래로 내려와 자그마한 초밥집에서 맛있는 초밥을 먹으며 담소했다. 밉상으로 속을 썩일 때는 에이 일본은 고약한 이웃이라고 눈을 흘기지만 오늘 이 초밥은 정말 맛있다. 코로나 방역 지침을 충실히 지키느라 일행이 멀리 떨어져 앉아 말도 나누지 못한 사람이 많기는 했지만 의미 있는 미술관 산책을 잘 끝내고 상여가 주는 의미가 머리에 꽂혀 많은 것을 생각하게 하는 하루였다. 분명 갈 날이 얼마 남지 않은 것은 알겠는데 아직 실감이 나지 않는 그 길, 옛사람들이 그 길에 타고 떠났던 탈것이었던 물건일 뿐인 그것이 자꾸 눈에 밟힌다.

2022. 4. 28.

또 안 탔다

이상하게도 꿈에 허위 단심 어딘가를 애써서 가는데 대부분 차를 타는 일이다. 그리고 하나같이 그 차를 타지 않고 깬다. 아직 탈 때가 아니라는 하나님의 배려를 보여 주시는 건가? 초라한 기차 임진강, 차중 아무튼 북으로 가는 것이었나 모르겠다. 아버지 기념관 못 가서 이런 꿈을 꾸나? 역마가 끼어 하도 잘 돌아다니는 사람이라 그런지는 몰라도 어디를 가는 꿈을 많이 꾸는 편이다. 지금도 이미 기차에 타고 앉은 상태에서 꿈은 시작되었다. 그 차의 사람들 중에 북쪽의 사람들도 타고 있다는 것 같은데 후줄근하고 하나같이 추레하니 생기가 없다. 안됐다는 생각에 이어 아버지가 떠오르고 이내 차에서 내렸다. 어머니가 보이는 것 같기도 하고 웬 시장 같은 데를 어머니와 함께 걸었다.

잠깐 사이에 어머니가 안 보인다. 감쪽같이 사라졌다. 두리번거리다가 저만치서 손짓하는 어머니를 쫓아가려는데 사람들이 가로막고 갑자기 북적거리는 통에 빨리 따라갈 수가 없다. 손을 휘저으며 어머니를 쫓아가는데 어머니가 차에 오르고 나는 차를 타지 못했다. 아아 또 놓쳤네, 그 후에 어떤 꿈속을 헤맸는지 깨는 순간 연기처럼 사라져 버린 기억이 야속하다.

꿈에 어머니를 처음 만난 것이 어머니 돌아가신 후 한두 달이나 되었을 때 같다. 정갈한 상에 아무것도 없고 하얀 대접에 샛노란 액체가 담겨 있는데 꿈속에서 약이라는 생각을 했던 것 같다. 어머니는 말이 없이 손으로 그 대접을 가리키며 마시라고 했다. 꿈 깰 때까지 어머니는 한마디도 하지 않았다. 깨고 나서 꿈 얘기를 하니 죽은 사람은 꿈에 보여도 말을 않는다고 해서 좀 덜 서운했다. 그 노란 물을 마시고 싶지 않아 그냥 앉아만 있었다. 이내 어머니는 나를 데리고 나가서 길을 한참 걷다가 저만치서 오는 버스를 향해 빨리 걸으며 나를 재촉했다. 어찌어찌하다가 어머니 손을 놓치고 어머니만 차에 타고 나는 꿈에서 깼다.

꿈에서 깨어난 후 처음 든 생각은 그 노란 액체가 먹고 죽을 약 같았다는 생각을 하면서 내가 하도 어머니를 못 잊고 애통해하니까 어머니가 나를 데리러 왔나 보다. 아무튼 그 샛노란 색깔이 너무 투명하고 고왔다는 것과 왠지 먹고 싶지 않고 범접하지 못할 묘한 분위기를 자아냈다는 생각만 든다. 그 꿈은 선명하게 지금도 한 장 그림으로 박제되어 뇌리에 남아 있다.

그 후로도 꿈에 누군가와 가다가 그는 차를 타고 번번이 나는 차를 못 타고 깬다. 그런 일이 반복되면서 왠지 그 차를 꿈에서 탔더라면 죽었을 것 같다는 막연한 생각이 들곤 했다. 남편이 세상을 뜬 후로는 자주는 아니지만 남편이 차를 타고 가는 사람으로 주인공이 바뀔 때가 많아졌다. 그런데 오늘은 어머니인 걸 보니 아버지 기념관에 가지 못해서 그런 것 같다. 코로나19 때문에 6.25전쟁 납북자기념관도 어김없이 문을 닫아서 추석 성묘도 못 한 터라 그런가 보다.

또 안 탔다고 중얼거리면서 아직 하늘 열차 탈 때가 아니라고 암시해 주시는 것인가 싶어 가슴을 쓸어내리는 걸 보니 꽤나 오래 살고 싶은가 보다. 그나저나 꿈에라도 자주 보면 좋을 사람들은 왜 그렇게 꿈에서도 만나기가 힘든지 알다가도 모를 일이다. 마음에 있으면 꿈에도 있다는데 내 마음에 그분들을 모시고 있지 않다는 말인가 싶으니 죄송해지기도 하고 고개가 갸웃거려지기도 한다. 오매불망 잊지 못해 병에 걸리는 것보다 나은 일이니 너무 서운해하지 마시라고 두 손을 모아 본다. 인연의 끈이 얼마나 약하면 꿈에서조차 함께 차를 못 탄단 말인가!

꿈도 은혜롭게 꾸지 못하니 믿음의 현주소는 대체 어디쯤에 있는 것이란 말인지 한심하기 그지없다.

2021. 4. 25.

여름이 좋아?

여름이 제일 좋다는 손녀에게 나는 여름이 제일 싫고 봄이 더 좋다고 했더니 자기는 그 반대라며 웃는다. 그러면서 봄은 나른해서 싫고 여름은 화끈해서 좋다는 것이다. 힘이 솟는다는 첨언에 깜짝 놀랐다. 아아 사람의 생각이 저렇게 다를 수 있는 것이구나 하는 생각을 하면서 하기야 소녀 시절에도 비슷한 충격을 받았던 기억이 났다. 영어 공부한다고 미국 선교사 댁에 그룹을 지어 다닐 때 일이다. 그때는 금기였던 남녀 학생 혼성 서클이 학교장의 허가를 얻어 남녀 두 학교 학생들이 금요일마다 선교사와 함께 회화공부를 하고 성경을 읽었다. 그때 어느 날 화두가 어느 계절이 좋다는 자기 의견을 발표하는 시간이었다. 각자가 영어로 말해야 하니 진땀이 나는 것은 말할 것도 없는 일이다.

처음에는 실수를 할까 봐 아주 짧게 얘기하다가 가을이 좋다는 내 말에 가을이 제일 싫다는 남학생이 여름이 최고라고 반박을 시작하더니 청승맞은 가을이 뭐가 좋으냐고 덤볐다. 사람이 더워서 늘어져 아무 일도 하기 힘든 여름이 무엇이 좋으냐는 응수에 대화는 막힘없이 진전되었다. 그날 들은 여름의 활기참과 생산적이고 역동성 있다는 주장을 오늘 손녀의 입을 통해 듣게 된 것이다. 반세기가 지난 일을 그날처럼 생생하게 들으면서 입이 다물어지지 않았다. 그날 그 남학생은 졸업 후 한 번도 만난 적이 없는데 올여름에도 살아서 여전히 힘이 넘친다 하려는지 궁금하다.

차분하고 소극적인 줄 알았던 손녀의 발랄함을 보면서 기운이 솟는 것 같다. 그뿐이 아니라 그 아이 말을 듣고 있노라니 그 말이 맞는 것 같기도 해서 고개를 끄덕이게 되었다는 사실이 더 놀라운 일이다. 하기야 여름이 싫다고는 하면서도 여름이면 세미나를 하러 산천을 찾아다니기에 여념이 없었고 피서여행에 아이들을 데리고 얼마나 신나게 전국을 누비고 다녔던가? 여름의 역동성이 좋기는 하다. 막연히 더워서 싫다고 미리 정해 놓고 있었던 것 같기도 하다. 외할머니댁에 가면 옥수수를 맛있게 쪄 주시던 것도 여름이었고 개울에서 잡아 온 붕어로 감칠맛 나는 붕어찜을 해 주시던 때도 여름이었다. 손톱에 봉숭아물을 들이고 마당의 평상에 누워 은하수를 쳐다보며 별을 헤고 내 별을 찾던 때도 여름이었다. 첫아들을 낳고 입이 헤벌어졌을 때도 50년 만의 더위라고 세상이 시끄럽던 여름날이었다.

그래도 여름은 겨울보다 노인들 지내기에 훨씬 좋은 계절로 알고 있다가 2018년 여름에 노인들이 된서리를 맞았다. 기록적인 무더위로 노인들이 어지럼증에 대거 쓰러지는 기현상이 일어난 것이다. 어지럼증센터라는 것이 다 생겨나고 전문 병원들이 문전성시를 이루었다. 이유는 지나친 더위로 평형 기능에 이상이 생겼다는 것이다. 더위가 극성을 부리는 시간에 외출을 자제하라는 문자가 노인들 핸드폰에 오르는 고마운 봉사까지 받았다. 겨울에 감기로 노인들이 위험하다고 조심은 해 왔어도 더워서 죽었다는 노인을 상상도 하지 못하고 살아온 우리였다. 지구 온난화 현상 때문이라니 내가 편하게 버린 비닐 한 조각이 원죄의 주범이다. 내 손을 탓할 수밖에 없는 노릇이기도 하다.

화끈하고 힘이 솟는다는 손녀의 말이 귓가에 맴돌면서 여름이 좋아지려 한다. 막상 36도를 넘어서는 무더위가 찾아오면 질겁하겠지만 우선 생각은 오랜 고정관념을 깨고 슬슬 계절의 여왕 자리를 넘보려 하는 것이 사실이다. 짙푸른 녹음은 상상만 해도 기분 좋으니까. 게다가 원두막에서 주먹으로 툭 쳐서 깨트려 먹던 수박의 참맛을 잊을 수 없으니까. 그나저나 코로나 때문에 여름 활동을 공쳤으니 올해는 몸이 비비 꼬여 더는 참기 힘들 것도 같다. 방역지침이 바뀌기를 고대하면서 예방백신의 위력에 힘입어 올여름은 세미나를 준비해 볼까 보다.

없는 사람은 옷 걱정, 난방 걱정 등 겨울나기 준비가 없어서 여름이 좋고 추위에 움츠리느니보다 몸을 활짝 펴고 자유롭게 운신할 수 있어 좋다는 말을 들으면서도 그런 분들의 애환에 깊이 공감해 보지 못했음이 새삼 미안하다. 오히려 그 반대로 껴입으면 되는 겨울이 벗어도 더운 여름보다 견디기 쉽다고 생각했지 입을 옷이 없어 얼어 죽을 수밖에 없는 사람의 입장을 한 번도 생각해 본 적이 없으니 호강에 겹게 살았다고 할 수 있겠다. 그러고도 고마운 생각은 더더욱 해 본 적이 없이 그저 말장난처럼 어느 계절이 좋으니 싫으니 하는 한담만 늘어놓고 80 평생을 살았다.

그래 올여름은 더위를 피할 수 없어 힘들 사람들의 애환을 생각하며 에어컨도 좀 덜 켜고 겸손하게 살아보고 싶은데 더위에는 파김치가 되는 이 몸이 얼마나 도와주려는지 모르겠다. 싱싱한 여름, 활기찬 여름, 그 여름을 진정 온몸으로 받아치며 역동적으로 살아낼 손녀의 사랑스런 모습을 떠올린다. 그 아이의 공부가 마음껏 자라서 푸르러지는 여름 녹음처럼 일취월장하기를 손 모아 기도한다. 그래 나도 여름이 좋다. 싱싱하게 살아보자.

2021. 5. 31.

참외

아주 맛있다는 외침에 발이 끌려 트럭 앞에 섰다. 착하디착한 웃음을 함빡 머금은 청년이 노란 참외를 들어 보인다. 겉볼안이라는데 잘생긴 참외다. 맛도 좋을 것 같아 보인다. 한두 개 고르다 코끝이 찡해서 고개를 돌리고 한동안 서서 먼 산을 바라본다. 좋은 걸 집으셨는데 왜 그러느냐고 걱정스레 묻는다. 아아, 아니, 말끝을 흐리면서 서둘러 몇 개를 담아 들고 돌아섰다. 청년의 선량한 얼굴이 아니었으면 그냥 돌아서 왔을 것이다. 반세기가 넘었는데도 눈물샘은 여전히 고장 난 수도꼭지다. 아마도 눈을 감을 때서야 함께 잠가지려나 보다.

어머니는 여름이면 밥 대신 참외로 사셨다 해도 지나친 말이 아닐 정도로 참외를 좋아했다. 워낙 식성이 까다롭고 소식하는 데다 소화기가 약해서 작은 참외 한 개, 크면 절반도 다 못 드셨지만 물리지도 않고 잘 잡수셨다. 아주 어릴 때야 어머니가 참외를 그토록 좋아하는지 어쩐지 무심히 지냈다. 자라면서 수박을 좋아하고 참외를 싫어하는 내 식성이 정면충돌하다 보니 그 덕택에 어머니가 참외를 무척 좋아하는 것을 알게 된 것이다.

물만 많지 씹히는 것도 없고 감칠맛 또한 없는 수박이 뭐 그리도 좋으냐는 어머니는 참외 찬양이 대단했다. 향긋하고 사각거리며 씹히는 맛이 있는 데다가 그 은근한 달콤함이란 비길 데가 없어 수박에는 비교가 안 된다는 것이다. 애써 권하는 어머니의 청에 못 이겨 한 입 베물고 마는 딸에게 맛의 묘미를 모른다고 안타까워하셨다. 아주 단 참외면 작은 한쪽을 겨우 먹고 달지 않은 참외면 베물다가 뱉어버리는 정도로 참외를 싫어했다. 어머니는 단맛의 여부와 상관없이 참외면 다 좋아하셨다. 물론 단 참외를 더 좋아하셨지만 달지 않아도 시원한 맛이 좋다고 하셨다. 나는 차라리 오이를 먹지 달지 않은 참외는 무슨 맛에 먹느냐고 응수했다.

아무려나 어머니가 그렇게 좋아하는 참외도 마음 놓고 사 잡수시지 못했을 것이라는 생각을 한 것은 대학을 졸업하고 취직해서 돈을 벌기 시작한 다음이었던 것 같다. 세칭 처녀 가장이 되어 어머니를 봉양한답시고 살 때 그제서야 어머니의 참외를 챙기기 시작했다. 수박을 사지 왜 참외를 사 왔느냐는 어머니에게 이제 식성이 변해서 참외가 좋아졌다고 둘러댔다. 어서 먹으라는 어머니에게 밖에서 많이 먹어서 안 먹고 싶으니 다 잡수시라고, 수박이 왠지 잘 당기지 않는다고, 중얼거리는 딸의 말을 믿었는지 아닌지는 모르겠다. 나중에야 눈치채셨겠지만 아무튼 참외를 마음껏 사 드릴 수 있어서 기뻤다.

어머니가 돌아가시기 두어 해 전부터는 여름이면 아예 밥을 제쳐두고 참외로만 끼니를 대신하실 정도여서 진지를 잡수셔야 참외를 드리겠다고 강경책을 쓰기도 했다. 몸이 자꾸 쇠약해지셔서 식욕이 떨어져 그러셨던 모양인데 잘 알아채지 못했다. 하루 종일 나만 기다리고 있는 어머니를 위해 할 수 있는 최선의 배려는 퇴근 직후 집으로 달려와서 저녁을 함께 먹는 것이었다. 학창 시절에야 어렵지 않은 일이었지만 기자 생활을 하는 입장에서는 그 쉬운 일이 그리 쉽지 않았다.

어머니가 편히 잡수실 수 있도록 나도 참외를 조금씩 먹다 보니 맛을 알게 됐는지 어느 날부터인가 참외에 자연스레 손이 가곤 했다. 하지만 여전히 수박을 좋아해서 반 통을 혼자 먹기는 다반사였다. 그 시절에는 수박을 요즘처럼 쪽으로 떼어서 먹다가는 대식구에 다 돌아가기 힘드니까 수박화채를 만들어서 한 사발씩 마시곤 했다.

과일도 계절을 잊어버린 요즘과 달리 그때는 복이 지나기 전까지만 먹는 여름철 과일의 대표 선수였던 수박 참외를 한여름 이외에는 먹을 수 없었다. 봄부터 가을까지 참외를 먹을 수 있다니 처음에는 이상했지만 이제는 무감각해진 지 오래다. 예전 같으면 딸기 먹으러 근교에 나갈 철인데 참외가 트럭에 가득 실려 사람을 부르고 있다니 참 좋은 세상이다.

겨울에 참외를 봐도 무신경이었는데 오늘은 참외를 집다가 갑자기 청승기가 발동한 것은 무슨 연유일까? 아마도 어버이날이 머지않으니 어머니가 마음속에 크게 자리하고 있었던 모양이다. 아니면 이제 따라갈 날이 가까워져서 그런 것은 아닐는지 모르겠다. 돌아가시기 전 다만 몇 해라도 참외를 열심히 사다 드렸기 망정이지 그나마 못했더라면 아마 참외만 보면 목이 메어 울보가 되었을지도 모를 일이다.

참외 하나를 깎아본다. 속살이 어머니 살결처럼 희고 곱다. 한 입 베어 무니 그 향긋함이 어머니 가슴 내음이다. 입안은 침이 고이는데 눈은 촉촉이 젖어든다. 마주 앉은 딸아이가 엄마 눈이 왜 그러냐며 얼굴을 바짝 댄다. 눈이 어떻기는 뭐가 어떠냐며 얼른 일어서 부엌으로 들어간다. 고장 난 수도꼭지가 들통나지 않아야겠기에 애꿎은 수도꼭지를 비틀어 물을 쏟아낸다. 그라도 대신 쏟아야 설움이 대신 쏟아져 나올지 모르니까.

2020. 5. 31.

5

일상이 축복이다

눈 가리고 아웅

빤히 보이는 것을 얕은 속임수로 상황을 바꾸어 보이려 할 때 우리는 '눈 가리고 아웅'이라고 하며 비아냥거린다. 그런 짓 하는 사람 따로 있겠거니 했는데 요즘은 온 백성이 모두 그 일의 주인공이 될 것 같은 분위기다.

코로나19가 만 1년을 넘기고도 확진자가 계속 늘어나다 보니 방역 당국의 5인 이상 집합금지도 풀릴 기미가 보이지 않게 됐다. 연장 또 연장을 이어가면서 국민들의 피로감은 쌓일 대로 쌓였다. 너무 오랫동안 못 만난 친지들이 견디다 못해 에라 만나자 하면서 삼삼오오 모이기 시작했다. 하지만 그 만남이 그리 수월하지가 않다. 길에서 모여 서 있어도 오래 있으면 누군가가 사진을 찍어 고발을 한다 하니 그것도 어렵고 길거리에서 회포를 다 풀 수도 없는 일 아닌가.

식당에 들어가려면 문전박대가 다반사다. 4명 이상 못 들어온다며 가로막는 주인장 때문이다. 그인들 얼마나 손님이 반가울까만은 방역지침을 어기면 300만 원의 벌금을 물어야 하는 데다가 신용이 말이 아니게 되어 버리니 아까워도 손님을 쫓을 수밖에 없는 심정이 오죽하랴.

업주만을 처벌해서는 효과가 적을 것 같아 개인들에게도 10만 원씩의 벌금을 물리게 되어 있다 하니 기가 찰 노릇이다. 그래도 막무가내로 들어가려 하면 완강하게 가로막으며 4명 이상 안 되니 들어오셔도 음식을 못 드리고 자리도 못 드린다는 것이다. 이것이 방역지침을 제대로 준수하는 현장의 모습이다.

더위가 심한 열대지방 사람들이 옷을 벗거나 오히려 뜨거운 태양의 가림막으로 치렁치렁 베를 온몸에 휘감고 다니게 되었듯이 인간의 적응력이 가만있을 리 없었든지 어쨌든지 진풍경이 나타나기 시작했다. 모인 사람들이 4명씩 간격을 두고 식당에 들어가서 가까운 식탁에 차례로 앉는다. 단 서로 아는 체도 하지 말라는 사전교육을 받고 입장한다. 물론 그 선생은 그 모임의 주관자이다. 물론 식당 사람들은 눈길을 거두고 모른 체한다. 잘 아는 식당이면 슬쩍 가까이 와서 조심하세요 서로 대화하고 인사하시면 큰일 납니다. 마치 간첩 접선이라도 하는 양 슬쩍 말을 흘리며 옆을 스쳐 지나간다.

이 야릇한 모임을 다녀와서 드는 생각은 이거 큰일이다 싶은 거였다. 그러잖아도 선의의 거짓말이니 어쩌니 하면서 거짓말에 대해서는 약간의 도덕불감증에 가까운 문화를 갖고 있는 면이 있는 우리네 일상을 돌아보니 심각하게 걱정되기 시작했다. 약속을 깜빡 잊고 못 지켜 놓고 갑자기 배탈이 심하게 났다는 등의 거짓말은 으레 예의를 지키기 위한 당연한 덕목 정도로 착각하고 있는 사람들이 많은 것 같은데 이러다가는 '온 국민 거짓말 교육장'(?)이 차려지고 있는 것이 아닌가 싶어 황당했다.

물론 제대로 지키지 않는 우리들이 잘못이다. 그러나 좀 더 지혜를 짜서 다양하고 구체적인 정책을 개발할 필요가 있다고 본다. 지금이라도 식당의 넓이에 따라 수용인원을 강력히 단속해서 그 숫자만큼의 사람이 들어가면 그들이 일행이든 아니든 방역과는 아무 상관이 없는 일 아니겠는가? 일행이 많이 들어가면 바이러스가 더 칼춤을 춘다는 연구는 아직 못 들었으니 하는 말이다. 일단 많은 사람들이 모이지 않도록 하는 것이 급선무임을 모르지 않는다. 하지만 1년여를 넘게 사람들이 만나지 못하고 산다는 것은 대단한 고문이다. 정책이란 수행하는 쪽의 편의에 방점을 찍지 말고 시행 대상인 국민의 편의에 방점을 찍어야 성공률도 높고 그런 일을 잘하는 게 바로 정치라고 생각한다.

평소에 은근히 경멸의 대상이던 일, '눈 가리고 아웅'의 주연배우를 경력에 첨가한 하루가 못내 부담스럽다. 나도 오늘부터 내로남불을 크게 외치며 손가락질할 권리를 저당 잡힌 것 같아서이다. 코로나19라는 불청객이 어서 사라져 주기를 바라지만 그전에라도 현명하고 순발력 있는 다양한 정책으로 더 이상 국민을 불편하게 하는 일을 좀 줄여주는 성의를 보여주기 바랄 뿐이다.

2021. 5. 15.

상식과 도덕

사람이 살아가는데 일반적인 기준으로 관습화된 것이 상식이다. 특별한 이론의 정립이나 설명 없이 사람들의 일상생활에서 자연스럽게 통용되는 생각이나 행동을 말한다. 도덕이란 이보다 좀 위의 개념이라고 할 수도 있는 가치 기준 같은 것이다. 사람이 살아가는데 행하고 가져야 되는 생각의 최소한의 기준 같은 것을 말한다고 할 수 있다. 사전적인 의미나 해석을 옮겨 놓지 않고 좁은 식견을 중언부언하는 것은 바로 이 좁은 소견으로 보는 느낌을 말하려고 해서이다. 얼마 전까지만 해도 상식의 선에서 행동하면 크게 실수하지 않고 지낼 수 있었다. 그러던 것이 요즘은 내가 생각하는 상식이 아니라 상대방이 생각하는 상식의 기준에 맞게 행동해야 별일 없이 지나가는 세상이 되었다.

무심히 걸어가다가 지나가는 사람과 살짝 스쳐 지나가게 되었다. 몇 걸음 걷는데 뒤통수가 이상해서 돌아보니 그 사람이 멈춰서서 빤히 쳐다보고 서 있다. 아니 노려본다 함이 맞는 상황이었다. 아뿔싸 사과하지 않았다고 화가 난 모양이로구나 싶은 생각이 드는 순간 은근히 화가 났다. 아니 많이 부딪친 것도 아니고 일부러 그런 것도 아닌데 뭘 저렇게까지 하나 싶어 괘씸한 생각이 들었다. 정확히 말하면 쌍방과실이지 내 쪽에서만 일방적으로 상대를 밀친 격이 아니어서 더 언짢았다. 내키지 않았지만 아아 기분 나빴느냐, 실수로 그랬다고 한 후 돌아서서 가는데 영 기분이 개운치가 않았다. 힘센 아재비가 한 수 져야 한다는 옛말대로 사과는 했지만 속은 부글거렸다. 전철 안에서 가방이 미세하게 건드려져도 바로 돌아보는 젊은이들을 대하고 당황했던 기억이 나서 씁쓰레한 기분으로 걸음을 옮겼다. 상식의 기준이 달라진 것이다. 우리 세대에게 그 정도는 상식이던 것이 이제 무례가 되고 있는 것이다.

그런데 이상한 것은 상식의 기준이 엄격한 쪽으로 상승된데 반해 도덕의 잣대는 매우 허술해진 것 같아 유감이다. 그것도 상식의 기준을 엄격하게 올려놓은 사람들이 도덕 불감증은 더 심한 것 같아 야릇한 기분이다. 우리가 법치주의 세상에서 살고 있지만 생활 속에서는 도덕의 규제를 받으며 살아왔다. 사람이 어떻게 사람을 죽일 수 있느냐는 도덕률이 우리 정신세계를 지배해서 살인을 안 하고 사는 것이지 법에 의해서 처벌되니까 살인을 안 하는 것은 아니라는 말이다. 그보다 작은 일 사소한 물건을 훔치는 일도 사람의 도리로 안 하는 것이지 법이 무서워 안 하는 것은 아니다. 그러기에 주인이 없을 뿐만 아니라 아주 안전하게 들킬 위험이 없는 경우에도 남의 물건에 손대지 않고 살아가는 것이다.

요즘은 이런 일들이 모두 혼란스럽고 그동안 살아온 생각이나 방법이 송두리째 바뀌어 버린 것 같아 난감하다 못해 기절할 지경이다. 세상일들 중에는 도덕적으로는 안 되는 일이지만 법적으로는 문제가 안 되는 일이 많다. 도덕이 더 엄격한 기준을 갖고 있다는 말이다. 그런데 법을 어긴 일에 대해서 그 사람만 그런 것이 아닌데 왜 그러느냐, 누가 문제를 삼느냐 하는 식으로 본질 외적인 문제를 가지고 진실을 흐리게 하니 정신을 차릴 수가 없다.

더 긴 말을 하는 것은 가뜩이나 힘들게 살아가고 있는 사람들에게 피로감만 더할 것 같아 참으려 한다. 언론의 보도만으로도 차고 넘치니까.

100세 시대라고 난리들이다. 100살을 산다 해도 긴 역사의 흐름에서 보면 한 점에 불과한 세월이다. 그 잠깐 동안 머물고 가는 세상에서 옳은 일, 좋은 일, 남에게 폐를 끼치지 않을 일만 하고 가기에도 부족한 시간을 헛되게 낭비하며 살 일은 아니라고 본다. 정의다, 공정이다 하는 화두는 바로 이런 이치에서 목청을 돋워가며 외치는 것이다. 한결같이 바라는 것은 그런 세상에서 평화롭게 살아보자는 것이지 그 이상도 이하도 아니다.

그래 좀 전에 부딪힌 사람에게도 진심으로 사과함이 맞다. 나부터 반성하고 정신 똑바로 차리고 살자. 낳아 놓은 내 아이들이 제대로 사는 세상을 만들어 주어야 하는 것은 당연한 도리가 아니던가! 내가 할 수 있는 일 이외의 부분은 하늘의 몫이다. 하늘이 아무 일도 안 하는 것 같지만 결국은 하늘이 응징한다. 그것은 역사가 증명해 주고 있으니 염려할 것 없다. 그 하늘의 가르침이 도덕이고 그 기준이 상식이다.

2021. 5. 19.

성찰

사람은 만물의 영장답게 과학 기술을 발전시켜 생활의 편리함은 말할 것도 없고 의학의 발전으로 어지간한 병은 제대로 진단만 하면 거의 완치 시키는 경지에 이르렀다. 드디어 우리는 요즘 100세 시대가 먼 얘기가 아닌 눈앞의 현실로 다가오고 있는 것 같은 분위기 속에 산다. 얼마 전까지만 해도 그런 얘기를 들을 때면 재수 없으면 그렇게 될 수도 있다는 농담을 주고받았다. 산다 한들 100세면 사람구실 하고 있기 힘들 것이니 오히려 재앙이 될지도 모른다는 생각에서였다. 일찍이 100세 넘은 촌로들도 더러 있긴 했지만 그다지 눈여겨보지 않았다. 그러다가 왕년의 유명 철학교수 김형석 박사님의 100세 상수를 보면서 부럽고 나도 저렇게 살 수만 있다면 좋겠다는 생각을 하게 된 것 같다. 의학의 발달이 인간의 수명을 한껏 늘려 주고 난치병도 거의 다 퇴치시킬 것 같은 희망에 부푼 것 또한 현실이었다.

음력설을 며칠 앞둔 2020년 1월 중순 '우한 폐렴'이라는 불청객이 우리나라에 찾아들었다. 지난 연말에 중국의 우한이라는 곳에서 신종 폐렴환자가 발생했는데 그 바이러스가 신종이고 변형이어서 예방약은 물론이고 치료약 또한 없는 데다 전염속도가 빨라 무서운 병이라는데 우리나라에 상륙한 것이다. 우리나라뿐 아니라 세계 각처로 번지기 시작했고 WHO는 우한 폐렴이라 부르지 말아라, 코로나라는 바이러스가 변형을 일으킨 것인데 2019년에 발생했으니 코로나19로 명명한다는 발표들이 잇달았다. 사스, 메르스들과 같은 종류의 바이러스라는데 계속 변이를 일으키면서 말썽을 크게 부리고 있는 것이다. 현미경에 나타난 그 형체가 어찌나 예쁜지 왕관 같다고 해서 코로나로 불리기 시작한 바이러스란다. 이번의 바이러스가 유난히 아름다워 보여 더 기가 막힌다.

중국을 다녀온 사람들에게서 한두 명 발병하기 시작하더니 대구에서 신천지라는 집단의 초대형 집회에 참여한 사람들에게서 집단 감염 사태가 터지고 그들의 동선을 찾기 위해 전수조사를 하고 격리를 시키고 하는 동안 의료진은 전력투구했지만 이런저런 이유들로 방역망은 뒷북을 치는 일이 많았고 대구 경북은 집중적으로 확산 일로를 걸으면서 비상 지역이 되었다. 그러는 사이 그곳은 좀 불길이 잡히는 듯 한순간 수도권이 뚫리고 말았다.

갑자기 당한 일이라지만 국가의 대응능력은 국민의 수준에 밑돌아도 너무 밑도는 것 같았다.

마스크를 쓰는 일이 예방의 최우선이라는 홍보는 국민의 경각심을 일깨우는데 주효했지만 정작 그 마스크라는 게 괴물이 되어 버렸다. 감염을 막는 최초 최후의 보루나 다름없는 마스크를 사기가 힘들어 약국 앞은 장사진이다. 사회적 거리두기라는 이름으로 되도록 사람과의 접촉을 피하고 많은 사람이 모이는 곳에 가지 말고 집회를 중지하라는 권고에 따라 종교시설과 단체들이 앞다투어 종교행사를 일체 중지하고 영상으로 대체하는 결단을 내렸다.

되도록 대중교통을 이용하지 말고 자가용을 이용하라는 바람에 길은 미어지고 교통 약자들은 한 발짝도 움직일 수 없는 신세가 되었다. 이렇게 집콕을 하는 사이에도 얄미운 불청객은 지역사회감염의 영역을 넓혀갔다. 신도림역 코앞의 대형 건물 안의 콜센터에서 확진자가 나오면서 수도권의 방역망은 허망하게 무너져 내렸다. 그동안 무엇무엇을 했어야 했다는 사후약방문이 여기저기서 터져 나오고 전문가들이 진즉에 한 얘기를 귓전으로 흘려버렸음을 증명하는 일들이 속속 드러났다.

그동안 기막힌 실력과 살신성인의 봉사정신으로 임하는 의료진의 노력은 세계의 찬사를 받기에 충분했다. 손 씻고, 마스크 쓰고, 교회 예배조차 집에서 드리고 친구가 죽어도 장례식에도 못 가고 부모자식 간에도 전화로만 안부를 물을 정도였다. 이렇게 나라에서 전하는 말을 착실하게 잘 듣는 백성들 덕택에 이만큼 유지되어 오던 확산 주춤의 둑은 나라가 해야 할 큰일들을 그르치는 동안 더 이상 버티지 못하고 무너지기 시작했다. 하늘의 도우심으로 제발 이 확산세가 꺾여 주기를 바라며 각자의 믿음대로 기도할 뿐이다. 우리 민초가 할 수 있는 일은 그것뿐이다.

총칼 없는 전쟁의 이 현장을 어찌 다 기록할 수 있으랴. 콜센터에 이어 PC방이 문제가 되고, 수백 명의 직원이 대부분 지하철 출퇴근이니 지근거리의 최대 환승역인 신도림역에서 서울 시내는 물론 수도권 일대로 방사선을 그리며 퍼져 나갔으리라는 추측만 보도되고 감염원은 여전히 오리무중이라니 시민들의 공포는 커질 수밖에 없는 실정이다. 바이러스야 어차피 무법천지로 난동을 부리며 퍼져가는 것이니 그렇다 치더라도 대응은 사람이 하는 것이고 전문가의 조언을 경청해야 하는 것인데 그런 것을 간과한 부분은 석고대죄감이다. 행정능력의 부족과 아이디어의 빈약함은 가엾어 보기 힘들 지경이다.

마스크를 쓰라는데 마스크를 살 수가 없다. 우리나라 총생산량이 1일 1천만 개라는 보도를 보며 기가 막혔다. 이럴 바에는 당초에 국민들에게 이실직고하고 5일에 1개씩 쓸 정도의 수량만 통 반을 통해서 배부하는 것으로 하든지 할 일이지 초기에는 무대책으로 각자가 알아서 사 쓰도록 방치했다. 게다가 수출도 계속했다. 더 웃기는 것은 이웃 나라에 이웃돕기까지 했다. 코미디도 3류 코미디다. 나라 말을 잘 들으려면 집에 있어야 할 사람들이 마스크를 사기 위해 장사진을 치고 이 약국 저 약국 전전하며 하루해를 보내는 일이 벌어졌다. 급기야 늦게 낸 꾀(?)가 1주일에 1인당 2개씩 사라는 5부제라는 것이다. 출생연도 끝 숫자가 1과 6인 사람은 월요일 그다음은 화요일 하는 식으로 하고 주말은 그동안 놓친 사람들이 살 수 있도록 한다는 내용이다. 꽤 괜찮아 보인다, 이제 줄 안 서도 되려나 보다, 했더니 웬걸 혹시나는 역시 나로 이어지는 통상관례는 도도히 살아 있었다. 약국에 가니 마스크는 없다, 언제 올지 몰라서 아직 못 판다뿐만 아니라 몇 시부터 판다는 말도 할 수 없다, 내일은 당연히 모른다, 물건이 와야 그때부터 판다며 우리도 죽겠단다. 이러이러한 방법이 있을 텐데 왜 이렇게 불편하게 하느냐고 건의하라더라고 방책을 전해 주고 약국 문을 나서는데 나도 모르게 욕이 튀어나온다. 못 해도 못 해도 이렇게 못할 수가 있을까? 측은한 마음이 들었다. 머리 나쁜 거야 어디 그 사람들의 죄겠는가? 선택할 수 있었다면 그들도 다 좋은 머리 갖고 태어나고 싶었을 것 아닌가? 경륜, 그렇지 그런 것은 갖추고 있는지 아닌지 잘 보고 뽑았어야지, 자신들의 손가락 탓을 해야지 어쩌겠는가? 내가 아니고 옆 사람 때문이라고? 그것도 내 팔자다. 나보고 하라면 더 못할 테지만 울화가 치밀어 쓸 수밖에 없다, 훗날 또 이러지 않아야 하니까. 말해 준 방책이라는 것이 특별한 것도 아니고 살림사는 여인들도 다 할 수 있는 평범한 내용이다.

그나저나 아무리 의약이 발전하면 뭐하나? 바이러스라는 괴물이 한번 출현하면 이렇게 세계가 꼼짝 못하고 휘둘리니 이러다가 슈퍼를 몇 개 합친 초 슈퍼 바이러스가 전 세계를 강타하면 인류는 지구만 남겨 놓고 하직해야 하는 것 아닐까 하는 생각이 든다. 지금은 영화에서나 보는 로봇같이 철갑으로 뒤집어쓴 인간들이 지구를 덮었다가 하릴없이 스러져 갈 것인가? 망상이어야 한다. 악몽 한 토막이어야 한다. 이 아름다운 강산을 어찌 그렇게 초토화 시킬 수 있단 말인가? 나만 하는 생각인 줄 알았더니 빌 게이츠가 이미 5년 전에 인류의 종말은 핵이 아닌 바이러스에서 비롯될 가능성이 크다고 했다니 역시 범인은 아니다. 꽤나 특별난 생각을 한 줄 알고 우쭐하려 했더니 그 복(?)도 뺏겼다. 그래도 그의 예측도 빗나가야 한다. 인류는 이겨내야 한다. 초록별 지구와 함께 영원하여야 한다. 그러려면 우주 질서에 역행하는 환경파괴의 만행을 어서 그쳐야 한다. 겸손하게 창조질서를 음미해 볼 때이다.

2020. 3. 12.

일상이 축복이다

특별한 용건이나 중요한 일을 상의할 것도 없는데 그저 모여 앉아 차 한 잔 마시며 수다를 떠는 것이 이렇게 소중한 일상인 것을 미처 몰랐다. 그저 습관적으로 동창들이 매달 정한 날에 모여 앉아 마주 보고 밥을 먹으며 내 얘기 먼저 들으라는 듯 목청을 높이는 일이 행복인 것을 또한 몰랐다. 사람을 보면 우선 가까이 다가서는 것이 반가움의 표시이고 손을 마주 잡고 흔들면서 환하게 웃으면 세상사 어려울 게 없었는데, 사람을 보면 1미터지, 2미터지를 떨어져라, 악수를 하지 마라, 부둥켜안는 것은 더욱 안 된다니 갑자기 우주인이 되라는 말처럼 들린다.

세밑에 중국의 우한이라는 도시에서 찾아든 불청객의 이름은 코로나19 바이러스로 정해졌다. 우한 폐렴이라고 부르다가 WHO가 명명한 이것으로 통용되고 있다. 전염병 등 병명에 지역을 붙이지 않는다는 것이 공식 입장이란다. 이름이야 아무것이든지 상관이 없지만 예방약도, 치료제도 없는 데다 전파력이 아주 빠르다는 이 반갑잖은 손님 덕에 졸지에 모두가 외딴 섬에 갇힌 기분이다. 세상살이의 방법, 문화 같은 것들이 송두리째 바뀌어야 살아남을 수 있다는 해괴한 세상에 살게 되었다.

되도록 사람을 만나지 않아야 되고 외식은 금물이고 사람이 많이 모이는 것은 금지 수준의 자제 권고를 받고 있다. 정을 나누는 말이 밥 한번 먹자였는데 이제 요즘은 꼼짝 않고 잘 있냐, 조심하고 나중에 보자로 바뀌어 버렸다. 영화 구경은 고사하고 예배조차 영상으로 집에서 드릴 지경이 되었으니 더 말해 무엇하랴. 친척이, 절친이 세상을 하직해도 꽃 한 송이 놓아드리러 갈 수도 없이 되었다. 유족이 알아서 오지 말라고 하면 다행이련만 그렇지 않을 경우 갈등에 시달리느라 밤잠을 설치기도 한다. 가자니 무섭고 안 가자니 괴롭고 이런 심정을 누구에게 말도 못하고 속으로 끙끙거릴 수밖에 없는 현실이다. 염량세태라고 꾸짖어도 어쩔 수가 없다. 목숨은 누구에게나 한 개씩밖에 없어서이다.

문학상 시상식이 이렇게 즐겁고 좋은 것인 줄, 시 낭송이 얼마나 아름다운 잔치인가를, 가슴 저리게 알게 한 2020년 초봄이다. 이제 남녘에서 매화가 핀 지 오래고 산수유가 절정이다. 뒤이어 개나리 진달래가 산야를 물들이고 벚꽃이 꽃비를 흩날릴 텐데 갇혀 있는 사면 벽이 답답해서가 아니라 오늘도 이웃이 하늘길을 뜨는 것을 숫자나 세면서 언제쯤 기세가 꺾이려나만 셈하고 있자니 기가 막힌 일이다.

행복은 산 너머에 있는 것이 아니라 내 손안에 있었다. 오늘 살아 숨 쉬는 것이 당연한 것이 아니라 엄청난 축복인 것을 이제야 알았으니 시련을 통해서 철들게 하심에 감사한다. 가족들이 무사히 일터에서 돌아오고 책가방을 내던지듯 들여놓고 놀겠다고 뛰어나가는 어린 것들이 보배인 것도 새삼 깨닫게 되었으니 그 또한 큰 복이다. 방콕이니 집콕이니 하면서 들어앉아 칩거하는 동안 자신을 돌아보는 성찰의 시간도 갖는다면 금상첨화가 아닐까 한다.

친구들 둘러앉아 봄나물 밥상을 즐기고 손에 손 잡고 봄을 모시러 나가는 날이 하루라도 빨리 오기만 학수고대한다. 특별한 일이 아닌 일상이 축복이다.

2020. 3. 15.

종말의 그림자

인간은 유한한 존재다. 영원히 사는 사람은 없다. 인간만이 아니라 이 세상에 무한한 존재는 아무것도 없다. 천년을 그대로 있는 것 같이 생각되는 바위 돌도 조금씩 깎여가고 있어 언젠가는 없어질 것이다. 다만 우리가 사는 동안에 그 변화를 보지 못한다는 것뿐이다. 우리가 사는 지구라는 이 별도 영원한 존재는 아닐 것이다. 언제일지는 모르나 마지막 때가 있기는 있을 것 같다. 작은 물건도 함부로 쓰면 얼마 못 가서 수명이 다하게 되고 잘 보존하면서 쓰면 오래 쓸 수 있는 것과 같이 지구 또한 우리 인간들이 어떻게 대하느냐에 따라 그 명이 달라지리라 생각한다. 인간들이 살아가는 세상이라는 존재도 언젠가는 끝나는 날이 있다면 그것이 바로 종말이 아닐까? 이 민감한 점을 많은 사람들이 이 말 저 말 하면서 예언하고 그것을 빌미로 사람들을 현혹시킨 일이 어디 한두 번이었나? 누구도 반론을 제기하지 못하는 것이 있다면 언젠가 끝은 있을 것 같다는 생각이 아닌가 한다.

코로나, 바이러스, 폐렴, 마스크, 확진, 양성, 음성, 자가 격리, 사회적 거리두기, 재택근무, 온라인 수업, 영상예배, 양성, 음성, 음압병실, 완치, 사망 등의 낱말들이 우리를 둘러싸고 난무하는 가운데 봄은 여전히 꽃 잔치를 벌이면서 비웃듯이 지나가고 있다. 눈에 보이지도 않는 코로나19라는 바이러스 앞에 맥 못 추는 인간의 나약함을 똑똑히 보라는 경고를 들을 수 있다면 행운이다. 중국 우한이라는 데서 이상한 폐렴이 급히 확산되고, 걸리면 죽는다는 끔찍한 소문이 도는가 싶더니 채 정신을 가다듬기도 전에 재빠르게 서해를 건너왔다. 한두 명 생기더니 집단 감염으로 이어지고 급기야 전국 확산의 비운의 길을 걷고 말았다. 예방약도 치료제도 아직은 없는 신종 바이러스이고 변종이라 속수무책이다.

성경의 창세기에 바벨탑의 이야기가 귓전을 때리는 요즘이다. 인간들이 하늘까지 닿게 탑을 쌓아 올리자고 신나게 쌓은 바벨탑을 한순간에 허무시고 다시 또 그런 무모한 짓을 하지 못하게 하는 방편으로 소통을 막아버리시는 하나님, 언어의 장벽을 만들어 서로 쉽게 모의하지 못하도록 하신 것이다. 지금 우리 모습이 바로 그 바벨탑을 쌓는 사람들 같아 보이셔서 우리에게 코로나 바이러스를 통해 경고하시는 것은 아닐까? 이렇게 속수무책일 수밖에 없는 우리들의 모습을 보면서 언젠가 종말이라는 것이 이토록 홀연히 다가오는 것일 것 같다는 확신이 드는 요즘이다. 이 엄청난 재난에 담긴 메시지가 있으련만 그것을 알 수 없으니 겸허해질 수밖에 다른 방법이 없다. 세상의 끝 날도 이처럼 어느 날 홀연히 다가오지 않겠나 싶은 생각이 들면서 숙연해진다. 그 전초적 현상으로 지금의 방호복 같은 옷들을 인류 전체가 입고 살아야 하는 세상이 올지도 모르겠다는 생각이 들면서 마스크를 쓰고 눈만 내놓고 다니는 우리들의 모습 속에 종말의 그림자가 번득이고 있다면 망발이 되려나?

무심한 바다

멀거나 가깝거나 여행은 언제나 마음을 들뜨게 한다. 아침에 눈을 뜨니 햇살이 싱그러워 여행길이 순탄할 것 같은 예감이 들어 기분이 매우 좋다. 마치 수학여행을 떠나는 아이처럼 챙겨 놓은 짐을 꾸려 메고 집을 나선다. 일상을 벗어나서 어디론가 가 보지 않은 곳에 간다는 것은 호기심을 채워 주는 최고의 약이 되기도 하고 새로운 기운을 듬뿍 받아오는 마술 같은 힘을 보여 주기도 해서 여행을 좋아한다.

연안부두를 떠난 배는 물살을 가르며 조용히 넓은 바다로 나아간다. 백령도 뱃길이 험하다기에 겁을 잔뜩 먹고 떠난 터라 이제 곧 멀미가 찾아오겠지? 여기쯤일까, 조금 더 보아주려나 보다 하는 생각에 붙잡혀 옆 친구와 얘기도 삼가고 긴장하고 앉아 있다. 수영을 못하는 터라 되도록 배를 안 타려고 애쓰며 평생 살아왔는데 거제에 갔을 때는 그 아름답다는 비경을 놓칠 수가 없어 눈 딱 감고 탔는데 바다라기보다 큰 연못 같아서 아무 두려움 없이 마음 놓고 즐겼다.

이번 길은 멀미로 고생을 하는 경우가 많다고 해서 각오를 단단히 하고 있는 중이다. 대학 4학년 때 수학여행길에 여수에서 부산으로 가는 새벽 배를 탔다. 갑판에 올라가 뱃전에 부서지는 하얀 포말을 보면서 다도해의 아름다움에 취했다. 갑자기 윤심덕이 왜 물에 뛰어들었나 이해가 될 것 같았다. 그 날 맞아, 그래 해가며 이상한 대화를 주고받던 친구 옥이는 무엇이 그리 급했는지 세상 줄을 놓고 간 지 10년도 더 지났다.

그날 3등 선실에서 사람들이 멀미를 못 견뎌 아수라장을 이루고 있던 광경이 오늘의 그림이 될 것 같다는 생각을 하고 왔는데 배에 들어서는 순간 예상을 뒤엎어버렸다. 잘 정돈된 선실은 마치 교실처럼 가지런하게 의자들이 정돈되어 있었다. 비행기를 탄 것 같은 기분으로 자리를 잡았다.

인당수라는 곳을 지나간다던가? 심청의 효심이 갸륵하다는 생각보다 왜 사람 제사를 지내는데 꼭 여자여야 하고 그것도 처녀여야 했을까? 하는데 생각이 꽂히니 직업병이 도지려 한다. 아무려나 효녀가 아니어서 그런지 무사히 그곳을 통과했다. 백령도에 내리니 해군의 관계자들이 기다리고 있다가 우리를 안내했다. 친구 남편이 예비역 해군 장교여서 그 덕을 톡톡히 보고 있는 중이다.

아 드디어 왔구나, 감회가 남다르다. 이상하게 백령도만 행선지로 잡으면 무슨 일이 생겨서 뜻을 이루지 못했었던 일들이 기억나서다. 70년대 말에 해군 가족인 친구의 초청으로 날을 잡았는데 북한이 말썽을 부려서 금족령이 떨어지는 바람에 발길을 돌려야 했다. 그 후로도 이상하게 날만 잡으면 풍랑이 사나워서 발이 묶이곤 했다. 그런 일들의 반복으로 좌절되자 내게는 하나의 트라우마같이 돼 버린 곳 중의 하나가 백령도였다.

친구들끼리 모여 앉아 단발머리가 되어 서로 제 말부터 들으라는 바람에 대화는 실종되고 늙은 소녀들의 웃음소리만 하늘을 찔렀다. 이다음에는 부부동반으로 초대를 해 줬으면 좋겠다는 한 친구의 말에 너나 그렇게 따로 오라, 미쳤냐, 나와서까지 시중들란 말이냐는 숙이의 일갈에 맞다 맞아 하면서 박장대소하고 나니 그래 있을 때들 잘하고 잘들 다니라는 영이의 차분한 목소리에 갑자기 분위기가 묘해졌다. 그래 같이 올 사람 같이 오고 없는 사람은 꾸어서라도 같이 오는 여행 한번 해 보자고 또 뱃살을 움켜쥐었다.

아침 햇살이 채 퍼지기도 전에 모두들 나와서 골목을 걷는다. 어느 집 대문 옆에 나무 한 그루가 이상하게 푸른 잎새 사이로 거뭇한 것이 매달려 있어서 가까이 가 보니 오디가 아닌가? 주인의 승낙을 받으려고 대문 안을 들여다보니 인기척이 없다. 팔 목적으로 키운 것 같지는 않고 금방 다 떨어져 버릴 정도로 농익었으니 우리 그냥 따먹자고 합의한 후 신나게 따먹었다. 얼마나 시간이 흘렀는지 날이 환해졌다.

헬리콥터가 뜰 정도로 단단하다는 백사장으로 나갔다. 정말 신기하게도 모래인데 발이 푹푹 빠지는 게 아니라 바위처럼 단단했다. 아이들처럼 모래사장을 신기해서 뛰듯이 걷던 우리들 발이 뚝 멈춰섰다. '서해 최북단 백령도'라 쓴 우람한 돌덩이가 우뚝 서 있는 게 아닌가? 그래 여기가 서해 5도 NLL이지. 좀 전의 호기심 넘친 소녀들은 순간에 주눅 들어 파김치들이 되었다. 씁쓰레한 그 입맛을 어찌 필설로 표현하랴.

분단의 현장을 똑똑히 목도한 오늘 이 순간이 해군이 우리를 초대한 목적달성의 백미라 하면 너무한 말이 되려나? 인당수의 심청이 보다 더 처연한 심정으로 발길을 돌려야 했다. 아름다운 곳곳을 돌아보면서도 마음이 편치 않다. 누군가를 붙잡고 쥐어뜯으며 싸웠으면 속이 후련할 것 같은데 그럴 수도 없고 통곡을 하자니 그것도 꼴불견일 것이고 그저 벌레 씹은 얼굴로 분을 삭이는 수밖에 묘수가 없다. 왜, 어째서 우리가 갈라져야 했단 말인가?

이곳의 명물이라는 까나리 액젓 한 통씩을 택배로 주문하고 배에 오른다. 그래 올 김장은 백령도 까나리로 감칠맛을 더해 보기로 하고 어미의 손맛을 기다리는 아이들의 밥상 걱정을 하며 바다를 바라본다. 불편한 나그네의 심사를 아는지 모르는지 바다는 무심히 오늘도 순탄히 뱃길을 연다.

2020. 7. 10.

코로나19 이후의 사회와 문학

문학은 무엇인가? 우리는 왜 책을 읽고 쓰는가? 우리 생활에 문학은 진정 필요한 것인가? 급변하는 사회변화에 작가는 어떻게 대응해야 할 것인가?

예기치 않은 코로나19의 엄습으로 세상은 완전히 낯설게 변해 버렸다. 전염병이라는 게 으레 사람끼리 옮기는 속성 때문에 일단 격리가 최상의 방법이지만 어디서 어디까지를 조심하면 예방할 수 있다는 원칙이 없고 보니 무조건 서로 안 만나는 것이 상책이 돼 버렸다. 처음에는 생경스럽게 들리던 말, 사회적 거리두기가 지난 반년 동안 새로운 문화로 자리 잡았다.

인간은 사회적 동물인데 그 본성과 정반대로 모임은 고사하고 되도록 만나지 말고 살라 하니 이 역설을 받아들이기란 그리 쉬운 일이 아니다. 하지만 예방백신은 고사하고 치료약 조차 명확히 없으니 최선의 방법이 감염원으로부터의 철저한 격리 말고 따로 어찌 해 볼 묘수가 없어서 우리는 집콕이라는 새로운 문화를 만들어 나가기 시작했다. 처음 예상과 달리 워낙 장기화되는 바람에 이제 비대면이라는 새로운 문화와 함께 사회적 거리두기가 아예 우리의 또 하나의 생활문화로 자리 잡을 조짐이 가시화되어 간다.

이런 사회변화가 일시적인 현상이 아니라 새로운 문화로 자리 잡을 것이고 코로나를 극복하고 난 이후에도 사회가 예전으로 돌아가기는 힘들 것이라는 주장이 많다. 기원전 후로 나누던 시대 구분에 더해 이제 코로나 이전 이후로 시대 구분을 할 것이라는 주장도 힘을 얻고 있는 실정이다.

이러한 때에 우리 문학은 코로나 이후의 시대적 상황에 어떻게 적응하고 미래의 인간 행복을 위한 메시지를 전할 것인가를 심각하게 고민하지 않을 수 없는 상황이라고 생각한다.

이에 본지와 한국수필문학가협회는 사회적 거리두기에 부응하여 이러한 문제를 주제로 한 세미나를 지면을 통해 열고자 한다.

2020. 4.

풍성한 대화의 모임을 바라며

존경하고 사랑하는 한국의 문인 여러분, 반갑습니다. 바쁘신 중에도 시간을 할애하셔서 이 자리에 왕림해 주신 한국문인협회 이광복 이사장님과 국제PEN한국본부 김용재 이사장님께 심심한 감사의 인사를 올립니다. 지루한 역병 가운데서도 건강을 잘 지키시고 오늘 참석하신 한국수필문학가 동지 여러분, 무고하심을 축하드립니다. 행여나 하고 기다리다가 올해도 작년처럼 행사가 늦어졌습니다.

어려울 때일수록 더 쓸 수밖에 없는 우리 문인들, 특히 시대의 기록자인 우리 수필가들은 지난 한 해 많은 역작들을 창작하고 아픔을 기록하시느라 수고 많이 하셨습니다. 오늘 그동안 애쓰신 창작 노고에 대한 치하와 격려를 담은 한국수필문학상 시상과 월간 『수필문학』의 지난 한

해 동안의 등단작가들께 등단 인증패를 드리며 환영하는 이 자리는 여러분들의 대화의 마당입니다.

벌써 32년째가 되는 이 모임을 창설하신 고 강석호 회장께서도 하늘에서 기뻐하실 줄 압니다. 존경하는 문인 여러분, 많은 대화들 나누시며 회포도 푸시고 창작의 열기를 서로 주고 받으시며 더욱 발전하는 계기가 되는 하루가 되시기 바랍니다. 수상자들과 등단작가들께 거듭 축하의 인사를 드립니다.

내년 이 자리에서 더 좋은 작품으로 서로 만나시기를 바라며 건강과 문운을 기원합니다. 감사합니다.

2021. 5. 21.

평론의 뜰에 들여 주서서 감사

평론이라는 마당 안에 들어와서 서성거려도 된다는 허가증 같은 것을 받게 되어 염치없이 기쁘다. 오랫동안 수필을 쓰면서도 항상 목마르고 부끄러워 망설이며 발표하곤 했는데 나의 생각을 내 주관으로 쓰면 되는 것만이 아닌 문인의 작품세계나 그 작품의 내면까지를 이해하고 분석해야 하는 평론을 과연 할 수 있을까 겁이 나서 무척 하고 싶은데 도전하지 못했던 부분이다.

아이가 걸음마를 배우듯 천천히 배워가겠다는 결심 하에 문을 두드렸는데 의외로 기회를 허락받아 얼마나 좋은지 모르겠다. 작가나 작품을 재해석하되 평자의 주관에 너무 얽매이지 않도록 조심하면서 살얼음을 딛듯이 조금씩 걸음을 떼어 나가겠다.

어려운 결단으로 제게 평론의 길을 열어주신 수필문학사의 무궁한 발전을 기원한다.

2021. 4.

6

산다는 것

마닐라의 밤을 가른 아리랑

2019년 나흘간의 회의(85회 국제PEN 대회)를 마치는 날 저녁, 어느 때나 그렇듯이 짧은 만남이지만 작별의 시간은 사람 마음을 야릇하고 싱숭생숭하게 한다. 유종의 미를 거두겠다는 생각으로 우리 일행은 뒷자리에 앉아 있었다. 폐회식의 여러 가지 행사를 하기에는 많이 비좁아 보이는 공간이라 아마 아주 간단히 할 것인가 보다라고 혼자 생각하며 기다리는데 진행자가 와서 우리에게 마지막 순서로 시 낭송을 한 후에 우리 일행이 모두 나가서 한국의 아리랑을 합창해주면 좋겠다는 것이었다.

제85회 국제PEN 총회의 주제가 '토속어로 말하기'여서 특별히 각 나라의 자국 언어로 시 낭송을 하는 순서를 마지막에 넣었고 그중에서도 우리에게 맨 나중에 낭송하고 이어서 아리랑 합창으로 이 대회의 끝을 장식하라니 약간 흥분되었다. 갑작스런 제안에 잠깐 동안 우리는 서로 얼굴을 쳐다보며 얼른 대답하지 못하고 있었다. 더러는 '아이, 점잖지 못하게 무슨 노래야?' 하는 표정이 설핏 지나치는 것 같기도 했다.

기회는 잡고 보는 것이라는 평소의 소신대로 해 보자는 말이 내 입술을 밀고 올라왔고 손 이사장을 쳐다보며 승낙하라고 눈으로 말하고 있었다. 이렇게 얼결에 무대 출연을 하게 된 우리 일행은 어이없어하는 표정으로 한동안 서로 멀뚱거리며 쳐다보기만 했다. 이왕 하는 것 잘해야 하니 잠깐이라도 연습하자고 설득해서 한구석으로 가서 간단한 안무와 큰소리로 힘차게 불러 좌중을 흥겹게 하면서 우리 정서를 제대로 전해 주자고 약속하고 자리에 왔다.

우리는 모두가 무대에 올라 한 사람이 대표로 시 낭송을 하는 동안 병풍이 되어 주다가 이어서 아리랑을 정겹게 부르기 시작했다. 긴 스카프를 한삼자락 삼아 큰 원을 그리며 춤사위를 이어가다가 후반부에 가서는 관중석 쪽으로 스카프를 크게 던지듯 춤사위의 폭을 넓히니 장내는 열광의 도가니가 되어 모두가 몸을 흔들며 아리랑을 함께 불렀다.

목청껏 아리랑을 부르며 팔을 휘젓던 선무당 무용수가 검은 백발이었음을 아마 그들은 몰랐으리라. 몸이 좀 안 좋아 망설이다 온 대회인데 내가 왜 왔는지 알 것 같은 밤이었다. 소수 언어들이 사라져 가는 것을 막을 사람은 문인들뿐이라며 소중한 각각의 토속어로 글을 써서 지킴으로써 세계의 토속어를 다양하게 지켜가자는 취지의 대회 주제에 걸맞은 폐막 프로그램의 진수를 우리 한국PEN이 감당했으니 이것이 바로 국위 선양이 아니고 무엇이랴. 흐뭇한 마음으로 귀국 짐을 꾸리며 콧노래를 부르던 마닐라의 그 밤이 지금도 자랑스럽다.

문인이 글로 말해야지 무슨 말도 안 되는 일로 흥분하냐고? 모르시는 말씀, 국력이 약하고 알려지지 않은 나라의 목소리가 전해지려면 자신들이 누구라는 설명부터 해야 하고 신뢰도를 얻기까지는 웬만한 말로는 눈길을 끌지 못하는 게 국제 사회다.

필리핀이 우리보다 더 잘살았던 것이 반세기 전도 아닌, 그저 몇십 년 전 일이다. 마닐라의 거리를 보면서 남의 일 같지 않아 착잡한 마음에 울적했던 기분을 어떻게 설명하랴. 하나님 우리에게서 지금 누리는 풍요라도 제발 거두어 가지 마시라는 기도가 절로 나왔음은 늙은이의 노파심이기만 바랄 뿐이다.

4년의 임기를 마치고 재선으로 새로운 임기를 시작하면서 떠오르는 단상을 이렇게 적는 것으로 보고서의 말석을 차지하고자 한다. 그동안 사랑해 주셔서 일 잘할 수 있게 도와주신 많은 분들께 감사의 인사를 전한다. 더욱 발전해 갈 국제PEN한국본부의 앞날에 하나님이 함께하시기 바란다. 부족하지만 그 일에 도구로 잘 쓰일 수 있는 복을 받고 싶다.

2021. 3.

미래를 세우고

나무를 심으러 간다. 자주 내리던 봄비가 오늘도 대지를 적실 모양이다. 일기예보가 틀려 주면 나무 심기 편해서 좋고 맞으면 흙을 적셔 주고 심긴 나무의 뿌리가 자리를 잘 잡을 수 있는 등 나무에는 최상의 조건이라니 이래도 저래도 좋은 날이다. 어린 시절 식목일이면 어김없이 체육 선생님과 생물 선생님의 인솔하에 인근 산으로 가서 나무를 심었다. 요즘에야 식목일이 휴일에서 제외되자 한식 청명까지도 함께 묶어 기억 저편으로 던져버린 느낌이다. 나무를 심기는커녕 꽃 한 포기 심는 것조차 잊고 사는 세상이 되었다. 이런 판에 산림문학회가 산림청과 뜻을 맞추어 '문인들과 함께 나무 심는 날'을 정하고 나무 심기 행사를 벌인 것이다.

양주군 덕계역 근처 야산에 도착했을 때는 하늘이 흐릴

뿐 비가 오지 않았다. 이내 이슬 같이 내리기 시작하더니 빗발이 세지지 않고 아주 조금 내려 주어 행사를 진행하는데 지장을 주지 않았다. 비옷들을 걸쳐 입고 나무를 심기 시작했다. 배정된 산벚꽃나무를 기념 식수하고 작은 묘목들을 심었다. 산벚꽃나무는 재질이 단단하고 벌레가 타지 않아서 팔만대장경의 판목으로 많이 쓰인 나무라니 더욱 소중한 생각이 들었다. 구덩이를 파 놓은 자리에 나무를 잘 세우고 흙을 덮은 후 정성스레 밟으며 잘 자라주기를 바라는 마음으로 기도했다.

팔순을 맞았는데 이 나무를 몇 년이나 볼 수 있을까? 어릴 적 심은 나무는 완산칠봉 어디쯤에 숲을 이루어 연인들의 속삭임을 듣고 있을까? 그때 무슨 나무를 심었는지도 생각나지 않지만 그때는 이 나무가 컸을 때 나는 어떻게 되어 있을까 하는 생각 같은 것은 할 겨를이 없었던 것 같다. 그저 친구들과 까르르거리며 즐기기 바빴고 선생님들의 지휘에 따라 많은 나무들을 부지런히 심는 일에만 몰두했던 것 같다. 싸 가지고 온 도시락을 먹는데 어떤 친구가 젓가락이 없었다. 무심코 나뭇가지를 꺾다가 선생님의 호통을 듣고서야 그래 우리가 지금 나무 사랑하러 왔지? 싶은 생각에 고개를 숙였던 기억만 난다. 그 시절은 도시락에 으레 쇠붙이 수저와 젓가락이 기본적으로 따라 다녔지 1회용 소독저가 아무 때나 등장하던 때가 아니었다. 아마 그 친구는 어느 친구가 수저를 빌려 주어 어렵사리 점심을 먹었을 것이다.

그 나무 칠순이 되는 오늘에 와서야 팔순에 나무를 심으면서 인생을 생각하게 된 것이다. 이 나무가 몇 살쯤 돼야 우리는 통일이 될까? 오늘 나는 미래를 세우고 간다. 이 나무 팔순이 되는 날은 우리 후손들이 어떤 삶을 누리고 살까? 한국은 노벨 문학상을 몇 번이나 수상했을까? 생각은 끝이 없는데 소년이 다가온다. 흙을 밟는 할미를 올려다보며 저도 함께 밟는다. 귀여워서 쓰다듬으려 하니 안개처럼 사라진다. 환하게 웃으면서 아아 이 나무 팔순 되었을 때 내 고손자쯤 되는 아이의 모습인가? 그래 그 아이들은 여기 말고 평양의 대동강가에 기념 식수하러 가야지. 아암 그래야지. 나무는 이슬방울을 맞으며 흡족한 미소를 보낸다. 걱정 말라고 내가 그때 잘 보고 자세히 편지해 주겠다고. 북녘 하늘을 우러른다. 목울대가 뜨거워진다. 늙은이 주책이랄까봐 얼른 고개를 치켜든다. 이럴 땐 빗물이 고맙다. 눈물인지 빗물인지 시야를 자꾸 흐리게 한다.

손 털고 내려오니 식탁이 차려져 있다. 도시락을 여니 소독저가 기다린다. 그렇지 할 수 없지, 맛있게 그릇을 비우고 소독저를 똑똑 부러뜨리며 나무를 쳐다보니 미안하기 그지없다. 나무 한 그루 자라려면 얼마나 많은 세월이 흘러야 하는데 순식간에 나무 한 그루쯤 무심히 잘려나가는 소리가 들린다. 여기서 똑 저기서 똑. 오늘의 나무 심기는 단순히 산림녹화가 목적이 아닌 지구 기후변화에 대응하기 위한 환경운동을 함께하는 지구 살리기의 큰 목적을 갖는 일인데 우리는 지금 엄청난 산림자원의 낭비와 더불어 탄소 배출의 주범인 1회용품을 양산하고 있는 중이다.

그렇다고 그릇에 담아올 수도 없는 노릇이기는 하다. 딱 부러진 해답을 내놓을 수도 없으면서 머리만 복잡해진다. 일상생활에서 어쩔 수 없이 많은 플라스틱 등 환경오염물질을 쓸 수밖에 없겠지만 가능한 한 1회용품의 소비를 줄이고 나무를 아끼는 양면작전을 생활화하는 것만이 인류의 종말을 조금이라도 늦추는 지름길임을 명심했으면 좋겠다. 세워 놓은 미래를 다시 한번 매만져 보고 힘주어 밟아 주고 발길을 돌린다. 오늘의 이 손길이 2050 탄소중립 실현에 작은 보탬이 된다면 지구에게 조금은 덜 미안할 수도 있을 것 같다. 내년에는 송악산이라도 찾아가 나무를 아니, 미래를 심고 왔으면 좋겠다.

2021. 4. 20.

사람이 무서워

인간은 사회적 동물이다.

중학교 1학년 공민 첫째 시간 교과서를 펴고 처음 만난 말이었다. 당시 초등학교라는 어린 공간을 떠나 성숙해 지는 상징 같은 낯선 공간에서 가뜩이나 생소하고 약간 위축되는 때였다. 교실에 들어선 선생님은 핸섬하면서도 근엄했다. 교탁 앞에 선 선생님은 한동안 아무 말 없이 천천히 우리를 훑어보셨다. 숨소리가 들릴 정도로 교실은 조용했다. 한동안을 응시하시던 선생님이 칠판에 그렇게 쓰셨다. 우리가 사회적 동물이라고.

사회과목을 워낙에 좋아하고 성적도 그쪽은 월등하게 높았던 터인데 선생님에게 매료되어 공민 시간만 되면 펄펄 나는 기분이었다. 질문을 던지기만 하면 누가 먼저 대답할까 봐 숨 쉴 새도 없이 냉큼 받아 대답을 쏟아냈다.

씁쓰레하는 친구도 있었겠지만 대부분의 친구들은 자기들의 고역을 대신 감당해 주어 고맙다는 표정이 역력했다. 공민 선생님은 이렇게 멘토가 되었고 결국 그분의 모교를 좇아 대학 진학까지 하게 되었다. 전공까지도 똑같이. 사람은 홀로 살 수 없는 존재이기에 서로 잘 살아가기 위해 질서와 예의가 있어야 하는데 그것이 자율적으로 되지 않을 경우에 대비해서 규제가 있어야 되고 그런 것이 법이고 하는 등등의 가르침을 가슴에 새겼다.

사회적 동물 속성의 일부이겠지만 왕성한 사회활동으로 평생을 지내면서 그 말은 마치 좌우명 같을 정도로 인간관계와 사회활동을 매우 중요하게 생각하며 실천하고 살아왔다. 자연히 사람들을 많이 만나고 왕성하게 돌아다녔다. 모임에 참석하기를 즐기고 오지 말라고만 안 하면 청하지 않아도 시간만 되고 관계되는 일이라면 정신없이 쫓아다녔다. 그러자니 월급 없는 직장인이라고 해야 할 정도로 하루도 거르지 않고 아침에 나가서 저녁 늦게 집에 오는 생활의 연속이었다.

중국 우한이라는 곳에서 심상찮은 폐렴이 유행인데 백신도 치료약도 없어 메르스 같은 위험이라더니 사태가 정신 차릴 수 없이 악화되었다. 급기야 우리에게도 불똥이 튀더니 이제 우리나라가 세계로부터 입국금지 대상이 되는 지경에 이르렀다. 침방울로 옮기는 신종 코로나바이러스라더니 2019년 발생이니 코로나19바이러스로 이름 짓고 코로나19로 부르기로 했다. 이 불청객을 예방하려면 마스크를 잘 쓰고 사람과의 접촉을 피할뿐더러 사물을 만져서 접촉하면 그 손에 묻은 바이러스가 입 코 눈 등 점막을 통해 전염되기 때문에 손을 자주 아주 꼼꼼하게 30초 이상 잘 씻어야 한다는 것이다.

너나없이 마스크를 쓰고 나다니다 보니 이러다가는 미인이고 미남이고 하는 기준도 바뀔 지경이다. 일단 눈이 예쁘지 않고는 명함도 못 내는 세상이 오는 것 아닌지 모르겠다. 이제 오똑한 코는 마스크를 눌러 고정 시킬 때 좀 편리할 정도의 가산점밖에 별 볼 일이 없어질지 모른다. 성형외과의 수입원 일부가 줄어들지 모르겠다는 객쩍은 생각을 하며 깜짝 놀란다. 아니 이런 상황이 어서 끝나야지 무슨 끔찍한 상상을 하는 것이란 말인가?

무심코 현관문을 열다가 “아 참 마스크” 하고 다시 방으로 들어가기 일쑤다. 전철에 앉아 보니 온통 하얀 천지에 눈만 깜빡깜빡하는 게 해괴하기 이를 데 없다. 순간 인류의 마지막 때 모습이 요즘 미래 이야기를 다룬 영화 속의 장면들처럼 로봇 같은 철갑으로 온몸을 감싸 입은 사람들이 살아갈 것 같다는 생각이 스쳐지나간다. 그에 비하면 지금의 입마개만 한 이 마스크 차림이 훨씬 행복할 것 같다는 객쩍은 생각이 들었다. 마치 지금의 방호복을 입은 의료진들 같이 모두가 외부와 차단할 수 있는 재질로 몸을 감싸야 살 수 있는 환경, 상상만 해도 끔찍하다. 과연 후손을 이 땅에 낳아 놓고 떠나는 것이 덕이 될까 싶은 망령된 생각이 다 들 정도이다.

중학교 신입생 때 「해저 2만리」라는 영화를 단체 관람했는데 그때 장면들을 보면서 신기하다 못해 황당하다고 생각했지만, 몇 년 지나지 않아 그런 것이 현실이 되었던 것을 기억한다. 신천지라는 집단에서 심상찮은 전염이 발생한 것이 집단 감염 연쇄감염 등으로 정신없이 번져서 그들의 집회가 있었던 대구가 쑥밭이 되고 경북지역도 심상치 않게 악화일로를 걷고 있다. 급기야 교회에서 대중교통 이용자는 집에서 예배를 드려도 무방하다는 목회통신이 날아오고 영상예배로 전환하는 사태로 번졌다. 밀폐공간에 가까운 전철이 가장 위험한 대중교통 수단이 되자 칩거하기로 결정하고 보름째 칩거 중이다. 중요한 회의 때문에 단 하루 나갔다 왔을 뿐이다.

날마다 번져가는 추이를 지켜보며 걱정하느라 종일 방송을 켜놓고 사니 일이 손에 잡히지 않는다. 하루 이틀 지나면서 하늘이 주신 휴가로 생각하고 밀린 일들을 하기로 했다. 집안을 정리하고 대대적으로 버리기 일을 시작하려 했는데 마음이 산란해서 뒤로 미루고 우선 밀린 서류 문서 등을 정리하고 원고들을 손보고 쓰기로 했다. 평소에 제일 하고 싶은 일이어서 그 일은 심란한 중에서도 잘 진행되었다. 역시 살림 쪽 일은 적성에 안 맞다는 것을 다시 한번 확인할 수 있었다.

분당의 안심병원까지 뚫렸다. 집단감염이 일어난 것이다. 대형병원 건물에 코로나바이러스가 커다랗게 확대되어 걸려 있다. 왜 그렇게 색깔은 고운 꽃분홍인지, 왜 그렇게도 예쁜 화판 같은지 마치 정성스레 만든 화환 같아 보이니 더 기가 막힌다. 마스크가 모자라 마스크 사는 줄이 장사진을 치고 드디어 마스크 판매 5부제라는 희한한 일이 다 시작이 돼서 출생연도 끝자리로 온 국민을 5등분해서 요일별로 지정된 대상 사람들만 1주일에 1인당 2개씩의 마스크를 살 수 있게 되었다. 그나마 허탕 치기 일쑤여서 불편은 말할 것도 없고 이러다가는 마스크 폭동이 일어날까 겁나는 지경에 이르렀다.

우리는 보통 친한 사람들과 잠시 못 만나면 '우리 밥 한번 먹자.'가 첫 번째 말일 경우가 많은 문화를 갖고 있다고 아는데 요즘은 마주 앉아 밥을 먹는다는 건 상상하기 힘들어졌다. 일단 식당에 가서 밥을 먹는다는 자체가 전염되러 가는 것 같은 상상의 노예가 돼 버렸다. 할 수 없이 중요한 회의나 업무 처리 때문에 사람을 만나더라도 밥은 아예 먹을 생각을 안 한다. 이러다 보니 식당은 줄 폐업을 목전에 둔 형편이고 경제는 마비를 향해 달려가고 있다. 노인은 면역력이 약하니 칩거 중인 부모를 젊은 아들이 못 찾아가는 것이 효도가 돼 버린 신풍속도가 만연하고 있는 실정이다.

하도 전철만 타고 다녔던 게 겁이 나서 칩거 중이지만 아파트 주변이라도 걸어야 한다는 것은 생각뿐이다. 단 한 번 산책하고는 현관문 밖을 못 나간다. 어느 아파트에서 엘리베이터에서 감염됐다는 보도를 접하고 발이 더 붙어 버렸다. 80이 내일 모렌데 무슨 미련이 있겠느냐고 입버릇처럼 죽음에 대한 준비가 끝난 양 말하곤 했는데 이제 보니 다 헛소리였던 것 같다. 되게 오래 살고 싶은 모양이다. 그러거나 저러거나 어서 이 난국이 끝났으면 좋겠다. 사회적 거리두기가 중요한 예방책이라고 정부는 간곡히 부탁하고 있는데 사람이 무서운 이 날벼락 같은 귀양살이가 언제나 풀릴지 하늘만 쳐다본다. 배달되어 오는 채소 말고 내 손으로 시장에서 흙 묻은 채소도 사다 먹고 오손도손 둘러앉아 지글지글 끓는 김치찌개 한 냄비에 밥 한 그릇 뚝딱 비우고 싶다. 사회적 동물, 제자리가 그립다.

2020. 3. 8.

산다는 것

세상에 태어나는 줄 알고 태어나는 사람이 있을까, 어떻게 어떤 집에, 누구를 부모로 하는 조건들을 신청하거나 선택의 기회를 갖고 이 땅에 온 사람은 아무도 없다. 자라서 철들고 보니 부모가 계셨고 그분들은 당신들의 목숨보다 더 소중하게 애지중지 길러 주셨다는 사실을 알게 되었을 때는 대부분 그 어른들은 이미 먼 곳으로 떠나신 후일 경우가 많다. 산다는 게 무언지 어렴풋하게나마 알 듯할 때 우리는 또 떠나야 하는지도 모른다.

산다는 것은 무엇이고 떠나갈 곳은 과연 어디인지 생각하기에 따라서는 그보다 더 불안하고 궁금한 일이 또 있을 것 같지가 않다. 먼저 간 분들도 몰랐고 나 또한 모르기에 그저 그냥 살아가고 또 영문도 모른 채 떠나가는 것이라면 너무 허무한 말이 되려나?

군수의 외동딸로 태어나 남들은 배고파 풀뿌리를 먹었다는 시절에 주지육림에 빠져 살았고 좋은 유전인자를 물려받아 몸도 건강하고 공부도 남에게 뒤처지지는 않을 만큼 하면서 잘난 척도 많이 하고 자랐다. 6.25전쟁 중에 아버지가 납북되어 풍비박산이 되었으나 장성한 오빠와 부자 외할머니 덕택에 큰 어려움 없이 명문대학 졸업까지 무사히 마쳤으니 행운이라 해야 할지.

외로움에 떨던 어머니는 끝내 사위를 맞아보지 못하고 이승을 떴다. 어머니의 홀연한 타계는 이유 모를 배신감 같은 것으로 몰려오면서 알량한 독신주의에 종지부를 찍게 해서 드디어 노처녀를 면했다. 시부모님 모시고 아들딸 남매를 낳아 기르면서 알콩달콩 살았다. 사는 방법과 생각이 정반대인 남편과 싸우는 것이 일과였지만 우리는 행복했다. 집안일은 시모님께 맡기고 사회활동도 할 만큼 원 없이 하며 전문직의 길을 걸었다. 이렇게 보통 사람들 하고 똑같이 살다가 그냥 가면 너무 억울할 것 같아서 문인의 길을 택했고 그 길에서 큰 후회 없이 그렁저렁 신나게 살았다.

여성운동이라는 것을 현장에서 하다가 대학 강단에서 사반세기 동안 여성학을 강의했고 지금껏 수필 강의를 하면서 후학을 기르는 재미에 빠져 사니 이만하면 꽤 잘 산 편에 드는 것 같기도 하다. 하나님이 부르시면 아무 때나 좋습니다라고 대답하고 웃으며 따라나서리라고 작심한 지 오래인데 막상 그럴지도 모르는 기회가 앞에 오니 기분이 묘해진다. 몸의 아주 중요한 부위,

그것도 예민한 곳에 불필요한 것이 생겨서 제거해야 하는 수술 날이 코앞이다. 시술이라니 좀 걱정이 덜 되기는 하지만 두렵기는 매한가지다. 전신마취를 해야 하니 혹시 못 깨어날지도 모른다는 불길한 예감이 마음의 평안을 깬다.

다행히 하나님이 예쁘게 보셨는지 마음이 평안하다. 부르시면 언제라도 기꺼이 따라나선다는 평소의 마음과 기도 덕에 죽으면 어떡하나 하는 걱정이 절박하지 않아 이상할 정도이다. 오라시면 가고 있으라시면 있겠나이다는 마음은 여전한데 자꾸 마음이 헛갈린다. 죽으면 어떡하지 하는 공포는 없는데 그래도 살았으면 좋겠다. 그것도 멀쩡하게 잘 살아갈 수 있는 건강이 계속되기를 간절히 원하고 있는 게 솔직한 심정인가 보다. 왜 하필 내가 이런 신세가 됐나 하는 슬픈 마음은 조금도 없다. 어떻게 하시든지 하나님 뜻에 달렸으니 뜻대로 하옵시고 제 이런 믿음이 없어지지 않도록 계속 저를 사랑해 주시라는 기도만 하고 지낸다. 내일이면 예비 검사를 하러 일단 입원해야 한다.

죽을 것 같지는 않으면서도 혹시 모르니 밀린 일이나 책임 맡은 일들, 숙제들은 하고 가야겠다 싶어서 원고 보내거나 써야 할 일들을 했다. 주변을 정리하려 하니 엄두가 나지 않는다. 책 몇 권만 골라 도서관에 보낼 것을 따로 뽑고 버릴 것을 분류해 놓았다. 소지품이나 옷가지들은 엄두가 나지 않아 그냥 두기로 했다. 살림도 되게 못하고 엉망으로 살았다는 소리는 듣고 싶지 않았지만 할 수 없다. 주인이 없어지면 다 내다 버리겠지 뭐 하는 배짱으로 그냥 두기로 했다. 앨범 정리를 차일피일하다 못했으니 그거야 더욱더 손도 댈 수가 없다. 아이들에게 마지막 편지를 쓰려고 아무리 마음을 다져 먹어도 말이 나오지 않아 포기하기로 했다.

재산이나 귀중품은 정리하고 말 것이 없으니 이렇게 홀가분할 수가 없다. 그것도 자랑이라고 하느냐는 핀잔이 따라오겠지만 어차피 떠나는 사람에게는 짐이 될 뿐이기도 하다. 혹시 내가 떠나면 혼자 남을 딸아이가 내 빈방을 보면서 너무 서러워하지 않았으면 좋겠다. 이번 병원행이 너무 바쁘게 살아온 분수에 넘치는 그동안의 삶에 잠깐 제동을 걸어 충분한 휴식을 안겨주기 위한 하나님의 선물이기를 바랄 뿐이다. 하지만 그야말로 내 뜻대로 마시옵고 아버지 뜻대로 하시옵소서이다. 그렇지만 정말 데려가시면 두고 가는 세상이 아까워 울지는 모르겠다.

산다는 것이 무엇인지 아직도 잘 모르니 어쩌면 좀 더 알고 오라고 하나님께서 숙제할 기간을 연장시켜 주실 것 같기도 하다. 그래 산다는 것 바로 이런 것 아니겠나?

2020. 8. 8.

살만한 세상

세상이 살벌하다고 혀를 차지만 생각보다 괜찮은 구석을 발견할 때가 있어 안도의 숨을 내쉬게 된다. 아침에 무언가를 두고 나와 들락거리기를 서너 번 할 때도 있지만 대부분 잘 점검하고 나와서 별일 없이 지냈다. 이상하게 오늘 아침은 세 번이나 드나들고 겨우 전철에 몸을 실었다. 주위의 시선이 이상해서 입을 만져보니 마스크가 없다. 아뿔싸, 놓고 나왔구나, 예비로 갖고 다니던 것을 찾으려 가방을 뒤져도 손에 잡히는 게 없다. 며칠 전 가방 정리를 하면서 몽땅 비워내고 가볍게 하던 기억이 났다. 그때 마스크가 퇴출당한 것이다. 잊고 나올 때를 대비도 하고 누가 없으면 꺼내 주기도 했던, 마스크 여러 개를 한데 넣은 봉지를 다시 챙겨 넣지 않은 것이다. 백신 접종이 끝난 지가 두 달이나 돼 가니 이제 안심이다 싶었던 모양이다.

가방을 그래도 또 뒤적이고 서 있는데 앞의 청년이 비닐봉지에서 마스크를 꺼내 건네주는 것이 아닌가? 세상에 이렇게 고마울 수가 있나, 고맙다고 고개를 주억거리며 오늘 따라 저서를 단 한 권도 넣고 나오지 않은 것이 크게 후회되었다. 책밖에는 줄 것이 없는 사람이라 그런지는 몰라도 책을 답례로 보내고 싶으니 주소를 적어 달라는 말이 자꾸 입을 밀고 올라온다. 요즘 같이 정보를 관리하는 세상에 생판 모르는 사람이 고맙다며 책 보낼 주소를 알려 달라고 하면 마치 정신병자 취급을 받을 것 같은 세태를 떠올리며 애써 참고 서 있었다. 자리가 비기에 앉아서 핸드폰을 뒤적이고 있는 동안 내릴 역이 되어 정신없이 내리고 보니 그 청년이 서 있었는지 이미 내렸는지 확인도 않고 서둘러 내려 버렸다. 이래저래 오늘은 서두르다 낭패당하는 날인가 보다. 만약 서 있었으면 아무리 아까 인사를 했지만 내릴 때 고맙다는 말 한마디 없이 내린 얌체 할머니가 되어 버린 것이다.

젊은이가 여유분 마스크를 갖고 다니다가 낯모르는 사람이 마스크가 없어 당황해하는 곤경에서 구해 주다니 이만하면 우리나라 미래는 밝다고 해도 지나친 말은 아닐 것 같다. 아아 걱정할 것 없다. 아직은 살만한 세상이다. 젊은이들을 걱정하지만 오히려 빈곤을 진하게 겪은 우리 세대보다 넉넉한 구석이 있어 보인다. 새로운 발견이라도 한 양 마음이 깃털같이 가벼워진다. 베풀며 사는 대한민국, 생각만 해도 근사하다. 2021. 6. 20.

감히 나를 묻어?

이 세상에 영원한 것은 아무것도 없다. 산천이 의구하다 하나 실은 바위도 조금씩은 깎이고 있다. 경관 좋은 너럭바위야 워낙 덩치가 크다 보니 우리가 못 느낄 뿐이지 세월에 아주 조금씩 깎여 나가고 있는 것이다. 비석의 글씨가 마모되는 것에서 우리는 돌도 영원불변이 아님을 자연스레 터득할 뿐이다. 사람들이 필요해서 만든 시설이나 물건들은 그 용도가 쓸모없어지거나 더 좋은 것이 나오면 아낌없이 바꾼다. 버려지기도 하고 뒤로 밀려나 구석에 박혀 있다가 버려지기도 한다. 이때 어느 누구도 그간의 그의 공로를 기억해 주는 일은 매우 드물다는 것이 공통적 설움이라 하겠다.

오늘은 이렇게 사라져 가고 있는 것들의 뒷모습이라도 보고자 수색역에 나와 있다. 수색역은 그 옛 역사가 헐리고 새로 지어져서 역사탐방으로는 아쉬움만 남긴다. 예전에 비해 우람한 역사가 들어서 있고 문산까지지만 경의선이 다시 활발하게 다니고 있다. 머지않아 통일의 그날 유라시아로 떠나는 관문이 되겠다는 야심찬 꿈을 꾸고 있지만 지금은 은평의 끝자락이다.

우리나라 철도 역사 중 최대 규모의 면적을 갖고 있는 수색역은 1908년 4월 1일 경의선의 개통으로 첫선을 보인 후 1938년에는 일본이 중국, 대륙을 넘어 아시아 전체를 석권하겠다는 야망을 이루기 위해 대규모 병참기지로 삼고 군수물자와 병력수송의 거점이 된다. 그런 연유로 수색역은 일반 철도 수송의 역할만을 담당한 것이 아니라 차량의 수선 등 철도 산업의 중추적 역할을 담당함과 동시에 군사적으로도 중요한 병참기지가 됨으로써 역사의 변곡점마다 중요한 역할을 할 수밖에 없는 운명을 지니게 되었다.

그 당시 일제가 철도 건설과 더불어 건설한 철도 밑의 지하보도는 1세기가 가까워 오는 오늘에도 멀쩡히 행인을 맞이하고 있으니 무어라 형언하기 힘든 갖가지 감회가 머리를 복잡하게 한다. 우리를 식민지로, 착취에 여념이 없던 시절에 그 원수들이 만든 이 지하도, 하지만 그때의 기술 정도로 이렇게 아직까지 건재한 지하도를 건설한 그들의 치밀함 앞에 표정이 일그러질 뿐이다. 미우면서 존경스러운(?) 이 마음도 친일이라 매도당하려나? 아니다, 밉지만 배울 것은 배워야 비로소 우리는 그들을 극복하고 다시는 그런 치욕을 당하지 않을 것이다. 옛 건물은 사라지고 현대식 새 역사로 거듭 태어났지만 여전히 복합적인 여러 역할들을 그대로 지닌 채 미래의 큰 역할에 꿈을 부풀리고 있는 수색역에서 북녘 하늘을 하염없이 바라본다.

일제 강점기 때는 북쪽의 온갖 산물들이 바로 이 수색역에 내려져서 은평을 통해 서울로 들어가고 거기서 전국으로 내려갔으니 그때의 번상함이란 얼마만큼이었을까 상상이 채 안 된다. 여기서 은평구 녹번 삼거리를 지나 서울로 가는 신작로에는 그 많은 물산 등을 실은 수레들이 줄을 이었다는 것이 은평 토박이 어른들의 회고다. 실려 가던 사과가 굴러떨어져 뛰어가며 주웠다는 어린 시절을 얘기하면서 그 어르신은 천진하게 웃었다. 아마도 우리가 초등학교 교과서에서 배웠던 황해도의 황주 사과였을 것이다. 격세지감이라는 말이 어딘지 헤먹어 보인다. 남북이 통일되어 남북의 물산이 쉴 새 없이 교류되며 활기로 넘쳐날 수색역은 생각만 해도 어깨춤이 절로 추어지는 현장이 아니겠는가.

역 광장으로 나오니 길 건너편에 들어서기 시작한 고층 아파트가 손짓한다. 얼마 전까지만 해도 수색변전소의 송전탑이 하늘을 가렸던 곳이다. 1937년 조선 송전 주식회사가 건설하여 북한에서 내려오는 전기를 남쪽으로 보내는 중요한 역할을 하던 엄청난 규모의 변전소였다. 여기서 북으로부터 받은 전기를 봉산으로 이어지는 송전탑을 통해 동대문, 왕십리 등의 변전소로 보내지던 전력 수급의 요충지였다. 일제 강점기 시대 서울을 환상적으로 밝혀주고 경인지역의 공업화를 가능케 했던 것도 바로 그

전력의 덕택이었을 것이다. 8.15 광복 후 어느 날 갑자기 서울을 암흑으로 만들던 정전 시대도 이 변전소는 아픔으로 기억할 것이다. 북이 갑자기 남으로 보내던 전기를 뚝 끊어버린 것이다.

2000년대를 맞아 남북 화해 무드가 조성되면서 개성공단에 전기를 오히려 우리가 보내기 시작했을 때도 아마 이곳 수색변전소가 그 중심에 있었을 것이다. 역사의 부침을 함께 겪으며 의연히 서서 우리네 안방을 환하게 밝혀 주고 공장의 기계를 돌아가게 해 준 중요한 이곳 변전소의 송전탑이 환경을 위해 지중화되기 시작한 것이 수년 전의 일이다. 변전소와 송전탑의 지중화는 세계적인 추세이고 안전한 환경을 위해 발전적이고 당연한 결과이다. 한국전력과 은평구는 10여 년 전부터 협약을 맺고 수색변전소 지중화 계획을 세우고 관련법에 따라 모든 시설이 땅에 묻히고 생겨나는 그 지상의 부지를 주거, 상업, 문화, 환경, 공익 등 여러 분야에 고루 사용하기로 하고 공원 조성을 비롯한 공익시설의 기부체납 등 여러 가지 형태의 종합발전 계획이 진행 중이다.

수년 후면 이곳이 고층 아파트로 밀림이 되고 현대식 환경공원이 들어설 것이다. 그야말로 상전벽해가 될 것이다. 수색역 건너편에 바로 그 변전소 부지 자리에 은평문학관이 들어설 건물이(공익시설용으로 기부체납된 것) 아담하게 서 있다. 그 앞에 서니 가슴이 뛴다. 수많은 문인이 살다 갔고 또 지금도 살고 있는 곳 은평, 아마도 구 단위의 문학관으로는 서울 최초의 기록을 갖게 될 은평문학관이 곧 활짝 문을 열 것이다. 연전에 은평문협 회장

시절에 은평구의 요청으로 도면 등을 그려내고 임원들의 연명으로 서류를 제출했던 일들이 주마등처럼 지나가며 입이 자꾸 벙그러진다. 아아 현실이 되었구나!

뒷길로 돌아서서 골목길을 조금 들어가니 몇 개의 송전탑이 을씨년스럽게 하늘을 떠받치고 서 있다. 뒤의 봉산을 향해 목을 늘이고 서 있는 형상으로 보이는 그 탑들이 일제히 눈을 부릅뜨고 덤비는 것 같다. 갑자기 뇌성벽력 같은 소리가 귓전을 때린다. '감히 나를 묻어?'

쓴맛 단맛 다 빨아먹고는 이제 나를 땅속에다 처박겠다는 말이냐, 나는 하늘을 계속 보고 싶고 각양의 구름과도 얘기하고 싶은데 너희들 멋대로 땅속에 집어넣고 그 위의 땅에서 온갖 영화를 다 누리겠다는 말이냐고 소리치며 노려본다. 그래요, 당신들은 땅에 묻히기라도 하지만 우리네 인생은 죽으면 바로 불구덩이일지도 몰라요. 하나님을 믿기에 염치없이 하늘나라에 들어갈 것이란 기대를 갖고 살지만, 작은 몸 하나 누울 석 자 땅도 차지할 수 없어요. 오직 흔적을 남기고 떠날 뿐이어서 그 흔적 만들기에 목숨을 건답니다. 가슴속 피울음을 삼키며 걷는데 은평 터널이 입을 벌리고 기다린다. 여기만 건너면 은평구청이 지척이다.

지금은 여기가 은평의 끝자락이지만 내일은 여기가 은평의 중심이 될지도 모른다. 세상은 어차피 변하는 것이니까. 그래 영원한 것은 아무것도 없다. 지금 이 바람 한 자락도 바로 오늘의 것일 뿐이다.

2021. 7.

오경자

· 전주여고, 고려대 법과대학 졸업
· 이화여대 교육대학원 졸업
· 경제통신사 기자(전)
· 한국여성단체협의회 사무처장(전)
· 장안전문대 겸임교수(전)
· 한국사회교육연구원 원장
· 사법제도개혁 심의위원(전)
· 금융 · 보험 분쟁조정위원,
· 소비자단체협의회 이사 역임(전)
· 고려대학교, 인천전문대 강사
· 월간 『수필문학』 천료 등단
· 국제PEN한국본부 부이사장
· 한국문인협회 회원(전, 감사 이사)
· 한국수필문학가협회 회장(현)
· 한국기독교수필문학회 회장(전). 고문
· 수필문학추천작가회 회장(전) 고문
· 한국크리스천문학가협회 회장(전), 평의원,
· 은평문인협회 회장(전) 고문

· 시문회 회장(전), 고문
· 한국여성문학인회 이사
· 창작수필문인회 회장 역임. 고문
· 고려대학교 평생교육원 수필창작 지도교수
· 한국여성단체협의회 법규위원장, 출판공모위원장 역임
· 한국여성정치문화연구소 이사
· 은평문화원 이사, 은평문화재단 이사(전)
· 국제여성교류협회 이사, 교육·프로그램위원장,
· 21세기여성정치연합 부회장
· 수필문학상, GS문학상, 크리스천문학상, 연암문학상,
원종린문학상, 사임당문학상, 은평문학상 수상,
올해의 수필인상, 아리수문학상, 대통령 표창(1983), 국민포장(2014)
· 저서(수필집) 『바퀴달린 도시』, 『느린기차를 타고 싶다』
『그 해 여름의 자두』, 『천년을 웃고 사는 여인』(선집)
『그렇게는 말 못해』, 『아름다운 간격』(공저)
『토기장이와 질그릇』,『신원확인』, 『밤에 열린 광화문』
『그때는 왜』, 『아버지의 꿈』『기다리고 있었나』
『계단 좀 내다 버려』 외

국제PEN한국본부
창립70주년기념 산문선집 02

건방진 용서

발행일 2023년 3월 15일

지은이 오경자

발행인 강병욱
발행처 도서출판 교음사

03147 서울 종로구 삼일대로 457 수운회관 1308호
Tel (02) 737-7081, 739-7879(Fax)
e-mail : gyoeum@daum.net
등록 / 제2007-000052호

* 잘못된 책은 바꿔 드립니다. 값 13,000원

ISBN 978-89-7814-020-1 03810